Jean-Jacques Rousseau

Ausgewählte Briefe

Jean-Jacques Rousseau

Ausgewählte Briefe

ISBN/EAN: 9783744719780

Hergestellt in Europa, USA, Kanada, Australien, Japan

Cover: Foto ©ninafisch / pixelio.de

Weitere Bücher finden Sie auf **www.hansebooks.com**

Rousseaus Ausgewählte Briefe.

Deutsch

von

Fr. Wiegand.

Hildburghausen.
Verlag des Bibliographischen Instituts.
1872.

Vorwort.

Rousseau's Briefe sind nicht, was sonst Briefe zu sein pflegen, leicht hingeworfene vertrauliche Mittheilungen, unbefangene Ergüsse augenblicklicher Stimmungen, — es sind sorgfältig und mit bewußter Kunst ausgearbeitete, von vorneherein wie für die Veröffentlichung bestimmte Schriftstücke, die recht eigentlich der Literatur angehören.

Man erinnert sich der denkwürdigen Stelle in den „Bekenntnissen", worin Er, der über die Gewalt und den Zauber der Sprache gebot, wie Wenige vor und nach ihm — von der Anstrengung spricht, die ihm das Schreiben verursacht, von der Schwierigkeit, mit der sich die Gedanken in seinem Kopfe ordnen, von seinen durchstrichenen, verschmierten, verworrenen und unleserlichen Manuskripten, — kurz jener Stelle, aus der hervorgeht, daß jene Schriften, die als unübertreffliche Meisterstücke einer glühenden Beredsamkeit und hinreißenden Darstellung bewundert werden, die den Eindruck machen, als ob sie mit vulkanischer Gewalt aus seinem Innern hervorgebrochen und kaum schnell genug in Worte zu fassen gewesen wären, nur langsam und mit großer Mühe zu Papier gebracht wurden. „So kommt es denn auch (sagt Rousseau weiter), daß mir Werke, welche Arbeit erfordern, besser gelingen, als diejenigen, welche mit einer gewissen Leichtigkeit geschrieben sein wollen, wie Briefe; eine Art, deren eigentlichen Ton ich nie recht habe treffen können, so daß mir die Beschäftigung damit eine Qual ist. Ich schreibe über die geringsten Vorkommnisse keine Briefe, die mir nicht Stunden der Mühe kosten, und wenn ich, was mir vorkommt, sogleich hinschreiben will, so weiß ich nicht, wie anzufangen, noch wie zu enden; mein Brief wird ein langer, verworrener Wortschwall; wenn man ihn liest, versteht man mich kaum."

Nun, trotz dieser Schwierigkeit, hat Rousseau eine Anzahl von Briefen hinterlassen, die sich nach Hunderten bemißt und die eine Reihe von Bänden füllt, und sie gehören zu nicht geringem Theil zu den glänzendsten und beredtesten Erzeugnissen seines Geistes, deren Werth und Interesse unvergänglich bleiben werden.

Das vorliegende Bändchen enthält nur eine mäßige Auswahl; doch gibt diese gleichwohl eine überzeugende Vorstellung von dem Reichthum des Rousseau'schen Briefschatzes und stellt sich trotz ihres geringen Umfangs als etwas Ganzes und Geschlossenes dar, indem sie so ziemlich alle wichtigen Momente aus dem Leben des merkwürdigen Schriftstellers berührt. Besonders willkommen dürfte sie als Ergänzung der „Bekenntnisse" erscheinen, zu denen sie an den interessantesten Stellen gleichsam den authentischen Beleg bildet.

Ausgewählte Briefe.

An die Akademie von Dijon.

Paris, den 18. Juli 1750.

Meine Herren!

Sie beehren mich mit einem Preise *), um den ich konkurrirt habe, ohne darauf Anspruch zu machen, und welcher für mich um so mehr Werth hat, je weniger ich ihn erwartete. Indem ich Ihre Achtung Ihren Belohnungen vorzog, habe ich es gewagt, vor Ihnen und gegen Ihre eigenen Interessen eine Sache zu verfechten, welche ich für die der Wahrheit hielt, und Sie haben meinen Muth gekrönt. Meine Herren, was Sie für meinen Ruhm gethan haben, vermehrt den Ihrigen. Andere Urtheile genug werden Ihrer Einsicht Ehre machen; für dieses ist man Ihrer Geradheit Achtung schuldig.

An Frau von Francueil.

Paris, den 20. April 1751.

Ja, Madame, ich habe meine Kinder ins Findelhaus gethan**). Ich habe ihre Erziehung der für diesen Zweck errichteten Anstalt übertragen. Wenn mein Elend und meine Leiden mir die Befähigung entziehen, einer so schönen Sorge obzuliegen, so ist das ein Unglück, wofür man mich beklagen muß, und nicht ein mir vorzuwerfendes Verbrechen. Ich bin

---

*) Die Akademie von Dijon hatte 1749 die Preisfrage gestellt: Hat die Wiederherstellung der Künste und Wissenschaften zur Reinigung der Sitten beigetragen? Rousseau antwortete verneinend.

**) Die Scheingründe, welche Rousseau hier und anderwärts zu seiner Rechtfertigung vorbringt, mag er selbst eine Zeit lang für zureichend gehalten haben; später sah er ihre Nichtigkeit ein und fühlte, wie Gewissensbisse quälen. S. den Brief vom 12. Juni 1761, an die Gemahlin des Marschalls von Luxemburg.

ihnen die Subsistenz schuldig; ich habe ihnen eine bessere oder wenigstens eine sichrere verschafft, als die, welche ich selbst hätte geben können. Dieser Artikel geht Allem vor. Dann kommt die Rücksicht auf ihre Mutter, die nicht entehrt werden darf. Sie, Madame, kennen meine Lage; ich verdiene mein Brod von einem Tag zum andern mühevoll genug. Wie würde ich noch eine Familie ernähren? Und wenn ich gezwungen würde, zum Schriftstellermetier zu greifen, wie könnte ich über den häuslichen Sorgen und dem Lärm der Kinder in meiner Spelunke die Ruhe des Geistes bewahren, welche zu einer gewinnbringenden Arbeit erforderlich ist? Die Schriften, welche der Hunger diktirt, tragen nicht viel ein, und diese Hülfsquelle ist bald erschöpft. Also müßte ich zu den Protektionen meine Zuflucht nehmen, zur Intrigue, zur Verstellung; ich müßte mich um irgend ein niedriges Amt bewerben, es ausbeuten durch die gewöhnlichen Mittel, denn sonst würde es mich nicht ernähren und mir bald entzogen werden; kurz, ich müßte mich allen Infamien hingeben, gegen die ich von einem so gerechten Abscheu durchdrungen bin. Mich, meine Kinder und ihre Mutter von dem Blute der Unglücklichen nähren! Nein, Madame, es ist besser, sie sind Waisen, als wenn sie einen Schurken zum Vater hätten.

Mit einer schmerzlichen und lebensgefährlichen Krankheit belastet, kann ich nicht auf ein langes Dasein hoffen. Wenn ich nun auch, so lang ich lebe, diese armen Kinder erhielte, die doch eines Tages zum Leiden bestimmt wären, so würden sie den Vortheil theuer bezahlen, etwas zärtlicher gehalten worden zu sein, als es da geschehen kann, wo sie jetzt sind. Ihre Mutter, das Opfer meines indiskreten Eifers, beladen mit Schmach und Sorgen, fast ebenso kränklich wie ich und noch weniger im Stande, sie zu ernähren, als ich, würde gezwungen sein, sie sich selbst zu überlassen, und ich sehe dann für sie nur die Wahl, Stiefelputzer oder Banditen zu werden, was bald auf dasselbe hinauskommt. Wenn nur wenigstens ihre Herkunft legitim wäre, so würden sie leichter ihr Auskommen finden. Da sie aber zugleich die Unehre ihrer Geburt und die ihrer Armuth zu tragen hätten, was sollte aus ihnen werden?

Warum ich mich nicht verehelicht habe, werden Sie mich fragen. Befragen Sie darüber Ihre ungerechten Gesetze, Madame. Es konvenirte mir nicht, eine ewige Verbindung einzugehen, und nie wird man mir beweisen, daß irgend eine Pflicht mich dazu bestimmen müßte. Gewiß ist, ich ging keine solche ein und will es nicht thun. Aber man muß keine Kinder machen, wenn man sie nicht ernähren kann! Verzeihen Sie mir, Madame, die Natur will es, da die Erde genug hervorbringt, um alle Menschen zu ernähren; allein der Stand der Reichen, Ihr Stand ist es, der dem meinigen das Brod meiner Kinder stiehlt. Die Natur will auch, daß man auf ihre Erhaltung bedacht sei; das habe ich gethan. Wenn es kein Asyl für sie gäbe, würde ich meine Pflicht thun und mich eher dazu entschließen, selbst Hungers zu sterben, als sie nicht zu ernähren.

Sollte das Wort „Findelkinder" einen so schrecklichen Eindruck auf Sie machen? Als ob man diese Kinder in den Straßen fände, dem Untergang ausgesetzt, wenn der Zufall sie nicht rettet! Seien Sie überzeugt, Sie würden nicht mehr schaudern als ich vor dem unwürdigen Vater, der sich zu einer solchen Barbarei entschließen könnte; sie liegt meinem Herzen zu fern, als daß ich Verwahrung dagegen einlegen möchte. Man hat bestimmte Regeln; erkundigen Sie sich nach denselben, und Sie werden erfahren, daß die Kinder nur aus den Händen der Hebefrau kommen, um in die einer Amme zu gelangen. Ich weiß, daß diese Kinder nicht zärtlich erzogen werden; desto besser für sie, sie werden kräftiger dadurch; man gibt ihnen nichts Ueberflüssiges, aber sie haben das Nothwendige. Man macht aus ihnen keine Herren, aber Ackerbauer oder Handwerker. Ich sehe in dieser Erziehungsweise Nichts, was ich nicht für meine Kinder wählen würde. Wenn es in meiner Macht stände, so würde ich sie nicht durch Verweichlichung zu den Krankheiten vorbereiten, welche die Anstrengung und die Veränderungen der Luft für Diejenigen herbeiführen, die nicht daran gewöhnt worden sind. Sie würden weder tanzen, noch reiten lernen, aber sie würden gute, unermüdliche Beine haben. Ich würde weder Schriftsteller, noch Beamte aus ihnen machen; ich würde

sie nicht üben, die Feder zu handhaben, sondern den Pflug, die
Feile oder den Hobel, Instrumente, welche ein gesundes, arbeitsames, unschuldiges Leben führen lassen, nie zum Uebelthun
gemißbraucht werden und dem Rechthandelnden keine Feinde
zuziehen. Dazu sind sie bestimmt; durch die bäurische Erziehung,
die man ihnen gibt, werden sie glücklicher sein als ihr Vater.

Ich entbehre das Vergnügen, sie zu sehen, und habe nie das
süße Gefühl gekostet, die eigenen Kinder zu umarmen. Ach!
ich habe es Ihnen schon gesagt, ich sehe darin nur einen Grund,
mich zu beklagen, und ich befreie sie vom Elend auf meine Kosten.
So wollte Plato in seiner Republik alle Kinder erziehen lassen;
jedes sollte seinem Vater unbekannt bleiben, und alle sollten die
Kinder des Staates sein. Aber diese Erziehung ist niedrig und
gemein! Seht, das ist das große Verbrechen! Diese Worte
imponiren Ihnen wie den Andern, und Sie sehen nicht, daß Sie,
indem Sie stets den Vorurtheilen der Welt folgen, das für die
Unehre des Lasters halten, was nur die der Armuth ist.

An die Baronesse von Warens*).

Paris, den 13. Februar 1753.

Beifolgend werden Sie, meine liebe Mama, eine Anweisung
auf 240 Livres finden. Mein Herz ist gleich sehr betrübt über
die Kleinheit der Summe und die Noth, in der Sie sind. Versuchen Sie die dringendsten Bedürfnisse zu befriedigen; das ist
an Ihrem Aufenthaltsorte leichter als hier, wo alle Dinge und
besonders das Brod schrecklich theuer sind. Meine gute Mama,
ich will nicht mit Ihnen in die Einzelnheiten eingehen, von denen
Sie zu mir sprechen, weil jetzt nicht die Zeit ist, Sie daran zu
erinnern, was immer meine Ansicht über Ihre Unternehmungen
gewesen ist; ich will Ihnen bloß sagen, daß inmitten Ihrer
Unglücksfälle Ihre Vernunft und Ihre Tugend Güter sind, die

---

*) Frau von Warens hatte bekanntlich (1728) den seinem Lehrherrn entflohenen
Rousseau freundlich aufgenommen. Auf ihren Antrieb war er auch zur katholischen
Kirche übergetreten.

man Ihnen nicht nehmen kann, und deren vorzüglichster Werth in den Kümmernissen sich zeigt.

Ihr Sohn nähert sich mit starken Schritten seiner letzten Wohnung; die Krankheit hat diesen Winter einen so großen Fortschritt gemacht, daß ich keine Rettung mehr erwarten darf. Ich gehe meiner Bestimmung entgegen mit dem einzigen Bedauern, Sie unglücklich zurückzulassen.

Den ersten März wird man die erste Vorstellung meines „Wahrsagers" in der Pariser Oper geben; mit der äußersten Sorgfalt will ich mich bis zu dieser Zeit schonen, damit ich das Vergnügen habe, ihn zu sehen. Zu Fastnacht wird er auch im Schloß von Bellevue aufgeführt werden in Gegenwart des Königs, und die Marquise von Pompadour wird eine Rolle übernehmen. Da nur Herren und Damen vom Hofe die Darsteller sein werden, so erwarte ich, daß man falsch singt und mein Stück verstümmelt; deshalb werde ich nicht hingehen. Da ich mich überdies dem König nicht habe vorstellen lassen wollen, werde ich Nichts thun, was den Anschein hätte, als suchte ich eine neue Gelegenheit dazu. Bei all diesem Ruhm fahre ich fort, von meinem Kopistenhandwerk zu leben, welches mich unabhängig macht und mich glücklich machen würde, wenn mein Glück ohne das Ihrige und ohne Gesundheit möglich wäre.

Adieu, meine beste Mama! Lieben Sie immer einen Sohn, der mehr für Sie als für sich selbst leben möchte.

—

An Dieselbe.

Da die Abreise des Herrn Deville auf einige Tage verschoben ist, so habe ich Muße, mich noch mit Ihnen, liebe Mama, zu unterhalten.

Zu dem Hofe des Infanten stehe ich in gar keinen Beziehungen, deshalb kann ich Sie nur ermahnen, sich der Bekanntschaften zu bedienen, die Ihre Freunde Ihnen dort verschaffen können. Bei dem spanischen Hofe selbst ließe sich vielleicht eher etwas machen, da ich mehrere Freunde habe, welche uns dort von Nutzen sein könnten. Ich habe unter Andern hier den

Herrn Marquis von Turrieta, der ein Freund meines Freundes, vielleicht ein wenig der meinige ist; ich gedenke ihm bei seiner Abreise nach Madrid, wohin er diesen Frühling zurückkehren soll, eine auf Ihre Pension bezügliche Denkschrift zu übergeben. — — — — So wenig Interesse ich an den öffentlichen Festlichkeiten nehme, so würde ich es mir doch nicht verzeihen, Ihnen gar nichts von denen zu sagen, welche hier bei der Vermählung des Dauphins gegeben werden; sie sind der Art, daß nach den Wundern, die St. Paul gesehen hat, der menschliche Geist sich nichts Glänzenderes denken kann. Ich würde Ihnen Alles genau beschreiben, wenn ich nicht dächte, daß Herr Deville im Stande sein wird, Sie davon zu unterhalten. Ich kann Ihnen in zwei Worten eine Idee von der Cour geben, was die Zahl und die Pracht betrifft, indem ich Ihnen sage, erstens, daß auf dem Maskenball in Versailles fünfzehntausend Masken waren, und daß der Reichthum der Costüme auf dem Bal paré und beim Ballet ein solcher war, daß mein Spanier, vom poetischen Enthusiasmus seines Landes ergriffen, ausrief, die Dauphine wäre eine Sonne, deren Gegenwart alles Gold des Königreichs zu einem ungeheuren Strome geschmolzen hätte, in welchem der ganze Hof schwimme.

Für meinen Theil habe ich ein Schauspiel gehabt, welches nicht zu den am wenigsten angenehmen gehört; denn ich sah die ganze Canaille von Paris tanzen und springen in den prächtigen und großartig erleuchteten Sälen, welche auf allen Plätzen für die Belustigung des Volks gebaut wurden. Nie hatten sie sich bei einem gleichen Feste befunden; sie haben ihre Lumpen so geschüttelt, sie haben so getrunken und sich so voll gestopft, daß die meisten krank davon wurden. Adieu, Mama.

An die Marquise von Pompadour*).

Paris, den 7. März 1753.

Madame!

Indem ich das Geschenk annehme, welches mir in Ihrem Namen übergeben worden ist, glaube ich meine Achtung für die Hand bezeugt zu haben, aus der es kommt, und wegen der Ehre, welche Sie meinem Werke erwiesen haben, wage ich hinzuzufügen, daß von den beiden Proben, auf die Sie meine Mäßigung stellen, das Interesse nicht die gefährlichste ist.

An D'Alembert.

Den 26. Juni.

Ich schicke Ihnen, mein Herr, den Buchstaben C**), den ich nicht eher wieder durchsehen konnte, da ich immer krank war. Ich weiß nicht, wie man der ehrenden Weise widersteht, mit der Sie an mich schreiben, und es würde mir sehr unlieb sein, es zu wissen. Daher gehe ich in alle Ihre Ansichten ein und billige die Abänderungen, die Sie zweckmäßig gefunden haben. —

Ich kann Ihnen nicht genug danken für Ihre Einleitung***). Ich kann kaum glauben, daß Sie viel mehr Vergnügen beim Verfassen derselben gehabt haben, als ich beim Lesen. Die encyklopädische Verkettung besonders hat mich unterrichtet und aufgeklärt, und ich nehme mir vor, sie mehr als einmal zu lesen. Was meine Partie betrifft, so finde ich Ihre Idee über die musikalische Nachahmung sehr richtig und sehr neu. In der That besteht bis auf sehr wenige Ausnahmen die Kunst des Musikers nicht darin, die Gegenstände unmittelbar zu malen, sondern darin, die Seele in eine ähnliche Stimmung zu versetzen wie diejenige, in welche sie ihre Gegenwart versetzen würde. Jeder wird das fühlen, wenn er Sie liest, und ohne Sie würde

---

*) Die Marquise von Pompadour hatte Rousseau für seine Oper „Der Wahrsager des Dorfs", in welcher sie selbst eine Rolle übernahm, 50 Louisd'or überschickt.
**) Rousseau war Mitarbeiter an der Encyklopädie (für musikalische Artikel).
***) D'Alemberts Vorbericht (Discours préliminaire) zur Encyklopädie.

es vielleicht Niemand bemerkt haben. Hier findet sich, wie La Mothe sagt:

> De ce vrai dont tous les esprits
> Ont en eux-mêmes la semence;
> Que l'on sent, mais qu'on est surpris
> De trouver vrai quand on y pense*).

Es gibt sehr wenig Lobsprüche, für die ich empfänglich wäre, aber ich bin es sehr für diejenigen, welche es Ihnen gefallen hat mir zu geben. Ich kann nicht umhin, mit Vergnügen daran zu denken, daß die Nachwelt in einem solchen Monumente sehen wird, daß Sie gut von mir gedacht haben.

Ich ehre Sie im Grunde meiner Seele und bin ꝛc.

An den Abbé Raynal.

Juli 1753.

Ich glaube, mein Herr, Sie werden mit Vergnügen den beifolgenden Auszug aus einem Briefe von Stockholm lesen, um dessen Aufnahme in den Mercure Sie die Person, an welche er gerichtet ist, durch mich bitten läßt. Der Gegenstand ist von der äußersten Wichtigkeit für das Leben der Menschen, und je größer die Nachlässigkeit des Publikums in dieser Beziehung ist, um so mehr sollten die aufgeklärten Bürger Eifer und Thätigkeit verdoppeln, um jene zu besiegen.

Alle Chemiker Europa's warnen uns seit langer Zeit vor den lebensgefährlichen Eigenschaften des Kupfers und den Gefahren, welchen man sich aussetzt, wenn man Küchengeräthschaften aus diesem Metall gebraucht. — Obgleich nun die Fabrik eiserner verzinnter Geräthe, welche in der Vorstadt St. Antoine errichtet ist, ein leichtes Mittel bietet, in den Küchen Geschirre an die Stelle zu setzen, welche ebenso bequem als die von Kupfer, billiger und vollkommen gesund sind, wenigstens was das Hauptmetall betrifft, so sind doch in Folge der Indolenz,

---

*) Von jenem Wahren, dessen Keim in allen Geistern liegt, welches man fühlt, aber bei dessen Betrachtung man doch überrascht ist, es wahr zu finden.

welche die Menschen gewöhnlich bei wahrhaft nützlichen Dingen zeigen, und der kleinen Maximen, welche die Faulheit für die hergebrachten Gebräuche, besonders wenn sie schlecht sind, erfindet, die Fortschritte der vernünftigen Rathschläge der Chemiker nur gering gewesen und haben das Kupfer nur aus wenigen Küchen verbannt. Mit den Vernünftigen darf man sich auf ein Räsonnement einlassen, niemals mit dem Publikum. Schon längst hat man die Menge mit einer Heerde von Schafen verglichen; sie braucht Beispiele anstatt der Gründe, denn Jeder fürchtet weit mehr, lächerlich zu sein, als thöricht oder schlecht zu sein. In allen Dingen, welche das gemeine Interesse betreffen, sind übrigens fast Alle, da sie nach ihren eigenen Maximen urtheilen, weniger darauf bedacht, die Stärke der Beweise zu prüfen, als die geheimen Beweggründe Desjenigen zu durchschauen, der sie aufstellt. So möchten z. B. viele ehrliche Leser leicht auf den Verdacht gerathen, der Chef der Fabrik eiserner Geräthe habe in dieser Angelegenheit meinen Eifer durch Geld angereizt, ein ziemlich natürliches Mißtrauen in einem Zeitalter der Charlatanerie, wo die größten Gauner immer das öffentliche Interesse im Munde führen. Das Beispiel ist hierin überzeugender als das Räsonnement, weil man in der Voraussetzung, daß im Geiste der Andern dasselbe Mißtrauen entstanden sein wird, geneigter ist zu glauben, daß Diejenigen, welche dadurch nicht abgehalten wurden, das Vorgeschlagene anzunehmen, entscheidende Gründe dafür gefunden haben. So ist es, anstatt sich bei dem Beweise aufzuhalten, wie absurd es ist, in der Küche Geräthschaften zu dulden, an denen der Verdacht von Gift haftet, besser zu sagen, daß Herr Duverney soeben die Anschaffung von eisernem Küchengeschirr für die Militärschule befohlen, daß der Prinz von Conti alles Kupfer von seinem Herde verbannt hat, daß der Herzog von Duras, Gesandter in Spanien, ein Gleiches gethan. —

Aber was kann man Schlagenderes vor die Augen des Publikums bringen, als den betreffenden Auszug? Wenn es in der Welt eine Nation gab, welche sich der Verdrängung des Kupfers hätte widersetzen müssen, so waren es gewiß die

Schweden, denn die Minen dieses Metalls bilden ihren vornehmsten Reichthum, und im Allgemeinen verehren diese Stämme ihre alten Gebräuche abgöttisch. Dennoch gibt dieses an Kupfer so reiche Land den andern das Beispiel, dieses Metall von allen Anwendungen auszuschließen, die es gefährlich machen und für das Leben der Staatsbürger bedenklich sind. Ich wollte, ich könnte hoffen, daß ein so heilsames Beispiel in dem übrigen Europa befolgt würde, wo man nicht dasselbe Widerstreben gegen die Verbannung eines Metalls haben kann, welches man vom Auslande bezieht. Ich wollte, daß die öffentlichen Warnungen der Philosophen und Schriftsteller den Völkern die Augen öffneten über die Gefahren jeder Art, welchen sie ihre Unvorsichtigkeit aussetzt, und daß sie alle Souveräne öfter daran erinnerten, daß die Sorge für die Erhaltung der Menschen nicht nur ihre erste Pflicht, sondern auch ihr größtes Interesse ist.

An den Grafen von Turpin.

Paris, den 12. Mai 1754.

Indem ich Ihnen, mein Herr, für die Sammlung, welche Sie mir geschickt haben*), meinen Dank sage, würde ich einen hinzufügen für das Sendschreiben an der Spitze, welches an mich gerichtet sein soll, wenn nicht die Lehre, die es enthält, durch das sie begleitende Lob Schaden genommen hätte; letzteres will ich mich beeilen zu vergessen, damit ich Ihnen keine Vorwürfe zu machen habe.

Was die Lehre betrifft, so finde ich die Maximen derselben sehr verständig; es fehlt ihnen nur, scheint mir, eine richtigere Anwendung. Ich müßte meine Gemüthsart und meinen Charakter auf eine seltsame Weise verändern, wenn jemals die Pflichten der Menschlichkeit aufhörten, mir theuer zu sein, unter dem Vorwande, daß die Menschen schlecht sind. Ich strafe weder mich, noch irgend Jemand, indem ich mich von einer zu

---
*) Die Schrift: „Philosophische und literarische Vergnügungen zweier Freunde".

zahlreichen Gesellschaft entfernt halte. Ich befreie die Andern von dem traurigen Schauspiel eines leidenden Mannes, oder eines unbequemen Beobachters, und ich befreie mich selbst von dem Zwang, in den mich der Verkehr mit vielen Leuten, die ich glücklicher Weise nur dem Namen nach kennen würde, versetzen müßte. Ich bin der Langeweile nicht unterworfen, die Sie mir vorrücken, und wenn ich manchmal welche fühle, so geschieht das allein in den schönen Gesellschaften, wo ich die Ehre habe, mich in jeder Hinsicht sehr am unrechten Orte zu finden. Die einzige Gesellschaft, welche mir wünschenswerth erschienen ist, ist die, welche man mit seinen Freunden unterhält, und ich genieße dieselbe mit zu viel Glück, um die der großen Welt zu vermissen. Uebrigens würde es, wenn ich die Menschen ebenso sehr haßte, als ich sie liebe und beklage, ein schlechtes Mittel sein, mich mit ihnen auszusöhnen, wenn ich sie mehr aus der Nähe betrachtete, und wie glücklich ich auch in meinen Verbindungen sein mag, so würde es mir doch schwer sein, mich jemals mit einem Andern so wohl zu befinden als mit mir selbst.

Ich habe gedacht, meine Rechtfertigung vor Ihnen werde der beste Beweis sein, den ich Ihnen geben könnte, daß Ihre Rathschläge mir nicht mißfallen haben und daß mir Ihre Achtung nicht gleichgültig ist. Kommen wir nun zu Ihnen, mein Herr, womit ich hätte beginnen sollen. Einen Theil Ihres Werks habe ich schon gelesen, und ich erkenne darin mit Vergnügen den liebenswürdigen und ehrenhaften Gebrauch, den Sie und Ihr Freund von Ihrer Muße und Ihren Talenten machen. Ihre Sammlung ist nicht schlecht genug, um Sie von der Arbeit abzuschrecken, noch gut genug, um Ihnen die Hoffnung zu entziehen, in der Folge eine bessere zu liefern. Arbeiten Sie also unter Ihren göttlichen Meistern an der Erhöhung Ihres Ruhms und an der Ausbreitung der Herrschaft derselben! Wie Sie begonnen haben, die Vorurtheile Ihrer Geburt und Ihres Standes besiegen, heißt sich weit erheben über die eine wie über den andern. Aber von Jedem, der die Tugend in seinen Schriften predigt, darf man erwarten, daß er das Beispiel mit der Lehre verbindet. Das ist die ehrenvolle Verpflichtung, die Sie eingegangen sind, und an deren Erfüllung Sie arbeiten.

Ich bin von ganzem Herzen ꝛc.

An Herrn Perdriau in Genf.

Paris, den 28. November 1754.

Indem ich freimüthig auf Ihren letzten Brief antworte und mein Herz und mein Schicksal in Ihre Hände lege, glaube ich, mein Herr, Ihnen ein weniger zweideutiges Zeichen von Achtung und Vertrauen zu geben, als durch Lobeserhebungen und Komplimente, welche die Schmeichelei häufiger spendet als die Freundschaft.

Ja, mein Herr, frappirt von der Uebereinstimmung der Regierungsform, welche aus meinen Principien folgt, und derjenigen, welche wirklich in unsrer Republik besteht, habe ich mir vorgenommen, dieser meine Abhandlung über den Ursprung und die Gründe der Ungleichheit zu widmen, und ich habe diese Gelegenheit als ein glückliches Mittel ergriffen, mein Vaterland und seine Vorsteher durch gerechtes Lob zu ehren, in das Innerste der Herzen den Oelzweig zu tragen, den ich bis jetzt nur auf den Denkmünzen sehe, und zugleich die Menschen anzueifern, sich nach dem Beispiele eines Volkes glücklich zu machen, das es ist oder es sein könnte, ohne etwas an seiner Verfassung zu ändern. Ich suche dabei, nach meiner Gewohnheit, weniger zu gefallen, als mich nützlich zu machen, ich rechne nicht auf die Beistimmung von irgend einem Parteigenossen; denn indem ich für mich nur die Partei der Gerechtigkeit und der Vernunft adoptirte, darf ich eben nicht darauf hoffen, daß ein Mensch, der andere Regeln befolgt, die meinigen billigen werde, und wenn diese Betrachtung mich nicht zurückgehalten hat, so geschah es, weil mich in Allem der Tadel der ganzen Welt viel weniger rührt als das Geständniß meines Gewissens. Aber, sagen Sie, ein Buch der Republik widmen, das ist noch gar nicht dagewesen. Um so besser, mein Herr! In löblichen Dingen ist es besser, das Beispiel

zu geben, als es zu empfangen, und ich glaube nur zu gerechte
Gründe zu haben, um von Niemand der Nachahmer zu sein.
So ist Ihr Einwand im Grunde nur ein Vorurtheil mehr zu
meinen Gunsten; denn schon lange ist keine schlechte Handlung
mehr zur Einführung übrig, und was man auch sagen könnte,
es handelt sich weniger darum zu wissen, ob die Sache geschehen
ist oder nicht, als ob sie an sich gut oder schlecht ist, worüber ich
Sie Richter sein lassen will. Was Ihre Bemerkung betrifft,
daß nach der Erfahrung solche Neuerungen gefährlich sein können,
so ist das in anderer Beziehung eine große Wahrheit; aber hier
finde ich im Gegentheil mein Vorhaben um so mehr an seinem
Platze, als es, da meine Lobsprüche für die Behörden, meine
Ermahnungen für die Bürger sind, sich schickt, daß das Ganze
an die Republik gerichtet ist, um Gelegenheit zu haben, zu ihren
verschiedenen Gliedern zu sprechen, und um meiner Widmung
jeden Anschein von Parteilichkeit zu nehmen. Ich weiß, daß es
Dinge gibt, an die man nicht erinnern darf, und ich hoffe, Sie
trauen mir Urtheilskraft genug zu, daß ich in dieser Beziehung
mit einer Zurückhaltung verfahre, in der ich mich mehr nach dem
Geschmack der Andern als nach dem meinigen richte; denn ich
glaube nicht, daß es eine geschickte Politik ist, diese Maxime bis
zu ängstlicher Bedenklichkeit zu treiben. Das Andenken des
Herostratus lehrt uns, daß es ein schlechtes Mittel ist, Dinge
in Vergessenheit zu bringen, wenn man die Freiheit entzieht,
von ihnen zu sprechen; aber wenn Sie bewirken, daß man nur
mit Schmerz davon spricht, so werden Sie bald machen, daß
man nicht mehr davon spricht. Man liebt heutzutage eine gewisse
kleinmüthige Rücksichtnahme, welche überall Inkonvenienzen er-
blickend sich aus Klugheit darauf beschränkt, weder gut noch
schlecht zu handeln; ich ziehe eine edelmüthige Kühnheit vor,
welche, um gut zu handeln, manchmal das kindische Joch des
Anstandes abschüttelt.

Daß mich vielleicht ein indiskreter Eifer verleite, daß ich,
meine Irrthümer für nützliche Wahrheiten haltend, mit den
besten Absichten von der Welt mehr Uebles als Gutes anstifte,
darauf habe ich Nichts zu antworten als: ein solcher Grund

müßte jeden rechtschaffenen Menschen zurückhalten und die Welt den Schlechten und Leichtfertigen auf Diskretion überlassen, weil die Einwendungen, die allein von der Schwäche der Natur hergenommen sind, gegen jeden Menschen Kraft haben, er sei wer er mag, und weil Niemand ist, der nicht Verdacht gegen sich selbst hegen müßte, wenn er sich nicht ob der Richtigkeit seiner Einsicht bei der Rechtschaffenheit seines Herzens beruhigte. Das darf ich wohl ohne Vermessenheit thun, denn von den Menschen isolirt, an Nichts in der Gesellschaft gebunden, jeder Art von Ansprüchen ledig und mein Glück nur in dem der Andern suchend, glaube ich wenigstens von den Standesvorurtheilen frei zu sein, welche das Urtheil der Verständigsten nach den ihnen Vortheil bringenden Maximen modificiren. Ich könnte, das ist wahr, geschicktere Leute, als ich bin, zu Rathe ziehen, und ich würde es gerne thun, wenn ich nicht wüßte, daß ihr Interesse mir immer eher als ihre Vernunft rathen wird. Mit Einem Worte, um hier ohne Umschweif zu reden, ich habe mehr Vertrauen zu meiner Uninteressirtheit als zu den Kenntnissen von irgend Jemand.

Obgleich ich mich im Allgemeinen sehr wenig um die Etikette kümmere und seit geraumer Zeit ihr mehr lästiges als nützliches Joch abgeschüttelt habe, denke ich doch wie Sie, daß es passend gewesen wäre, die Genehmigung von Seiten der Republik oder des Raths einzuholen, wie dies meistens Gebrauch ist, und ich war so sehr dieser Meinung, daß meine Reise*) zum Theil in der Absicht gemacht wurde, um diese Genehmigung anzuhalten; aber ich brauchte wenig Zeit und Beobachtungen, um die Unmöglichkeit der Erlangung einzusehen. —

Ihr Brief selbst lehrt mir, daß Sie nicht weniger als ich alle Schwierigkeiten fühlen, welche ich vorausgesehen hatte; nun wissen Sie, daß, wenn man sich in unbedeutenden Bewilligungen allzu schwierig zeigt, man die Menschen veranlaßt, sich ihrer zu entschlagen. So hat die übertriebene Bedenklichkeit des verstorbenen Kanzlers in Bezug auf die besten Bücher endlich

---

*) Rousseau kehrte damals in Genf zur reformirten Kirche zurück.

bewirkt, daß man ihm keine Manuskripte mehr vorlegte und daß die Bücher nichtsdestoweniger gedruckt wurden, obgleich dieser gegen die Gesetze geschehene Druck wirklich ein Verbrechen war, während eine nicht mitgetheilte Widmung höchstens eine Unhöflichkeit ist, und weit entfernt, daß ein solches Verfahren an sich tadelnswerth wäre, stimmt es im Grunde mehr mit der Ehrbarkeit überein als der hergebrachte Gebrauch, denn es liegt eine gewisse Niedrigkeit darin, die Leute um Erlaubniß zu bitten, sie loben zu dürfen, und eine gewisse Unziemlichkeit, sie zu bewilligen. Glauben Sie auch nicht, daß ein solches Benehmen ohne Beispiel sei; ich kann Ihnen Bücher zeigen, welche der französischen Nation dedicirt sind, andere dem englischen Volke, ohne daß man den Verfassern ein Verbrechen daraus gemacht hätte, weder die Einwilligung der Nation, noch die des Fürsten nachgesucht zu haben, und der Fürst würde sie sicherlich verweigert haben, weil in jeder Monarchie der König der Staat sein will und nicht zugibt, daß das Volk Etwas sei. — — —

Sie müssen auch fühlen, daß die Regelwidrigkeit, die man in meinem Verfahren finden kann, nur zu meinen Ungunsten und zu Gunsten der Regierung ist. Wenn sich etwas Gutes in meinem Werke findet, so kann man sich's zu Nutze machen, wenn etwas Schlechtes, so kann man es desavouiren; man wird mich billigen oder tadeln können je nach den besonderen Interessen oder nach dem Urtheile des Publikums; man könnte selbst mein Buch in die Acht thun, wenn der Verfasser das Unglück hätte, daß der Rath*) nicht damit zufrieden wäre; dies Alles könnte man nicht mehr thun, nachdem man die Widmung genehmigt hätte. Mit Einem Wort, wenn ich zur Ehre meines Vaterlandes recht gesprochen habe, so wird dieses den Ruhm davon haben; wenn ich übel geredet habe, so wird der Tadel auf mich allein fallen. Kann ein guter Bürger sich bedenken, ein solches Risiko zu tragen?

Ich unterdrücke alle persönlichen Erwägungen, weil sie niemals die Motive eines rechtschaffenen Mannes, der für das

---

*) Dieser nahm übrigens die Widmung an.

allgemeine Wohl arbeitet, beeinflussen dürfen. Wenn die Ablösung eines Herzens, welches weder am Ruhm, noch am Reichthum, noch am Leben hängt, es würdig machen kann, die Wahrheit zu verkündigen, so wage ich es, mich zu dieser Bestimmung berufen zu glauben; um den Menschen nach meinem Vermögen Gutes zu thun, enthalte ich mich, welches von ihnen zu empfangen, und darum liebe ich meine Armuth und meine Unabhängigkeit. Ich will nicht voraussetzen, daß solche Gefühle mir jemals bei meinen Mitbürgern schaden könnten, und ohne das vorauszusehen oder zu fürchten, bereite ich meine Seele auf diese letzte Prüfung vor. Glauben Sie, daß ich bis zum Grabe rechtschaffen, wahrhaft und ein eifriger Bürger sein will, und wenn ich mich dann des süßen Aufenthaltes im Vaterlande berauben müßte, würde ich die Opfer, welche ich der Liebe zu den Menschen und der Wahrheit gebracht habe, durch dasjenige krönen, welches meinem Herzen am meisten kostet und mich folglich am meisten ehrt.

Sie werden begreifen, daß dieser Brief für Sie allein ist; ich hätte Ihnen einen schreiben können zum Sehen lassen, in einem sehr verschiedenen Stile; aber abgesehen davon, daß diese kleinen Künste meinem Charakter widerstreben, so widerstreben sie nicht weniger demjenigen, was ich von dem Ihrigen kenne, und ich werde mein ganzes Leben froh sein, daß ich diese Gelegenheit benutzt habe, mich Ihnen ohne Rückhalt zu öffnen und mich der Diskretion eines rechtschaffenen Mannes anzuvertrauen, der Freundschaft für mich hegt. Leben Sie wohl, mein Herr! Ich umarme Sie von ganzem Herzen mit Rührung und Hochachtung.

— —

An Herrn von Francueil.

Paris, 1755.

Sie sind besorgt um Herrn von Jully; es steht fest, daß sein Schmerz außerordentlich ist. Man kann sich über die Wirkungen desselben nur dadurch beruhigen, daß man bedenkt, wie

wenig sein Lebenswandel vor 2 Monaten zu dem Glauben
Anlaß gab, der Tod seiner Frau*) könne tiefe, schmerzenvolle
Spuren in seiner Seele zurücklassen. Uebrigens hat er den
Schmerz nach seinem Geschmack modellirt, und das gibt ihm die
Mittel, ihn länger zu konserviren, ohne uns über seine Gesund-
heit zu alarmiren. Er hat sich nicht damit begnügt, überall das
Porträt seiner Frau anzubringen; soeben hat er ein Kabinet
bauen lassen, welches er mit einem prachtvollen Mausoleum aus
Marmor schmücken läßt; darauf steht die Büste der Frau von
Jully und eine Inschrift in lateinischen Versen, welche meiner
Treu! sehr pathetisch und sehr schön sind. Wissen Sie, mein
Herr, daß ein geschickter Künstler in gleichem Falle vielleicht
sehr betrübt sein würde, wenn seine Frau wieder ins Leben
käme? Die Herrschaft der Künste ist die mächtigste von allen.
Ich würde nicht darüber erstaunen, wenn selbst ein sehr recht-
schaffener, aber sehr beredter Mann manchmal ein schönes Unglück wünschte, um es zu schildern. Wenn Ihnen dies unsinnig
erscheint, so denken Sie darüber nach, und es wird Ihnen
weniger so vorkommen. Indessen bin ich überzeugt, daß es
keinen tragischen Dichter gibt, dem es nicht sehr ärgerlich sein
würde, wenn niemals große Verbrechen begangen worden wären,
und der nicht beim Lesen der Geschichte des Nero, des Oedipus,
des Mohammed ꝛc. im Grunde seines Herzens sagte: „Was
für schöne Scenen wären mir entgangen, wenn alle diese Räuber
nicht Stoff zum Reden gegeben hätten!" Ei, verehrte Freunde
der schönen Künste, ihr wollt mich dahin bringen, daß ich eine
Sache liebe, welche die Menschen dazu verleitet, so zu fühlen?
Wohlan! Ja, ich bin ganz dazu entschlossen, aber unter der Bedingung, daß ihr mir beweist, daß eine schöne Statue mehr
werth ist als eine schöne Handlung, daß eine geschriebene schöne
Scene mehr werth ist als ein redliches Gefühl, ein Stück von
Vanloo bemalte Leinwand mehr werth als Tugend ......
Herr von Jully ist weit davon entfernt, zu den Frommen zu

---

*) Diese, eine Schwester von Frau von Epinan, welche für Rousseau die Ein-
siedelei bauen ließ, hatte sich von Seiten ihres Mannes über vielseitige Vernachlässigung zu beklagen gehabt.

gehören, und so unbegreiflich uns sein Schmerz ist, so erregt er doch unser Mitleid. Er hat ein großes Verlangen nach Ihrer Rückkehr kundgegeben.

An Voltaire *).

Paris, den 10. September 1755.

An mir ist es, mein Herr, Ihnen in jeder Beziehung zu danken. Indem ich Ihnen den Entwurf meiner traurigen Träumereien anbot, habe ich nicht geglaubt, Ihnen ein Ihrer würdiges Geschenk zu machen, sondern eine Pflicht zu erfüllen und Ihnen eine Huldigung darzubringen, die wir Alle Ihnen als unserm Oberhaupte schuldig sind. Die Ehre, die Sie meinem Vaterlande erwiesen, mitfühlend, theile ich auch die Dankbarkeit meiner Mitbürger, und ich hoffe, daß sie nur zunehmen wird, wenn sie aus den Lehren, die Sie ihnen geben können, Nutzen gezogen haben werden. Verschönern Sie das Asyl, welches Sie gewählt haben; klären Sie ein Volk auf, welches Ihrer Rathschläge würdig ist, und Sie, der Sie die Tugenden und die Freiheit so gut zu schildern wissen, lehren Sie uns, dieselben in unsern Mauern zu lieben wie in Ihren Schriften. Alles, was sich Ihnen naht, muß von Ihnen den Weg zum Ruhme kennen lernen.

Sie sehen, daß ich nicht nach der Wiederherstellung unsrer thierischen Einfalt strebe, obgleich ich für meinen Theil das Wenige, was ich davon verloren habe, sehr bedauere. In Hinsicht auf Sie, mein Herr, würde diese Rückkehr ein zugleich so großes und schädliches Wunder sein, daß es nur Gott zukäme, es zu thun, und nur dem Teufel, es zu wollen. Versuchen Sie also nicht, wieder auf vier Füßen zu gehen; Niemandem in der Welt würde es weniger gelingen als Ihnen. Sie stellen uns

---

*) Voltaire wohnte damals in seinem Landhause Délices bei Genf; er hatte Rousseau für das ihm übersandte „neue Buch gegen das Menschengeschlecht" gedankt und in seiner Antwort die Kunst und Wissenschaften gegen die Anschuldigungen Rousseau's vertheidigt. Zugleich beschwerte er sich über seine Feinde, die in Paris schlechte Schriften unter seinem Namen herausgaben.

zu gut auf unsere zwei Füße zurecht, um mit Ihren beiden unzufrieden zu sein.

Ich gebe alle Unannehmlichkeiten zu, welche die in der Litteratur berühmten Männer verfolgen; ebenso alle mit der Menschheit verbundenen Uebel, die von unsern citlen Kenntnissen unabhängig scheinen. Die Menschen haben gegen sich selbst so viele Quellen von Elend geöffnet, daß sie, wenn der Zufall eine ableitet, doch nicht weniger damit überschwemmt werden. Uebrigens gibt es in dem Fortschritt der Dinge verborgene Verbindungen, welche der gewöhnliche Mensch nicht bemerkt, die aber dem Auge des Weisen nicht entgehen werden, wenn er darüber nachdenken will. Es war weder Terenz, noch Cicero, noch Virgil, noch Seneca, noch Tacitus, es waren weder die Gelehrten, noch die Dichter, welche das Unglück Roms und die Verbrechen der Römer herbeigeführt haben; aber ohne das langsame und geheime Gift, welches nach und nach den kraftvollsten Staat, von dem die Geschichte berichtet, zerstört hat, würde weder Cicero, noch Lucrez, noch Sallust existirt oder sie würden doch nicht geschrieben haben. Das liebenswürdige Zeitalter des Lälius und Terenz führte das glänzende Zeitalter des August und Horaz herbei und endlich die schrecklichen Zeitalter des Seneca und Nero, des Domitian und Martial. Der Geschmack an Litteratur und Kunst entsteht bei einem Volk aus einer innerlichen Krankheit, die er vermehrt; und wenn es wahr ist, daß alle menschlichen Fortschritte der Gattung selbst schädlich sind, so werden die des Geistes und der Kenntnisse, die unsern Stolz vermehren und unsre Verirrungen vervielfältigen, bald unser Unglück beschleunigen. Aber es kommt eine Zeit, wo das Uebel von solcher Beschaffenheit ist, daß die Ursachen selbst, welche es haben entstehen lassen, nothwendig sind, um die Vermehrung desselben zu verhindern; es ist wie mit dem Eisen, welches man in der Wunde lassen muß aus Furcht, daß der Verwundete beim Herausreißen verscheide.

Was mich betrifft, so würde ich ohne Zweifel glücklicher gewesen sein, wenn ich meiner ursprünglichen Bestimmung gefolgt wäre und weder gelesen, noch geschrieben hätte. Doch würde ich, wenn die Litteratur jetzt vernichtet würde, des einzigen Vergnügens beraubt werden, welches mir übrig bleibt. In ihrem Schooße tröste ich mich über alle meine Leiden; unter Denjenigen, welche sie pflegen, koste ich die Süßigkeiten der Freundschaft und lerne das Leben zu genießen, ohne den Tod zu fürchten. Ihr verdanke ich das Wenige, was ich bin; ihr verdanke ich selbst die Ehre, von Ihnen gekannt zu sein. Aber lassen Sie uns das Interesse befragen für unsre Privatangelegenheiten und die Wahrheit für unsre Schriften. Obwohl man Philosophen, Geschichtschreiber, Gelehrte bedarf, um die Welt aufzuklären und ihre blinden Bewohner zu leiten, — wenn der weise Memnon mich recht berichtet hat, so kenne ich nichts so Närrisches als ein Volk von Weisen.

Geben Sie es zu, mein Herr, wenn es gut ist, daß die großen Geister die Menschen unterweisen, so müssen die gewöhnlichen ihre Unterweisungen annehmen; wenn jeder sich damit befaßt, welche zu geben, wer wird sie annehmen wollen? „Die Hinkenden", sagt Montaigne, „sind schlecht geeignet für die Uebungen des Körpers, und für die Uebungen des Geistes die hinkenden Seelen." Aber in diesem gelehrten Zeitalter sieht man nur Hinkende, welche den Andern das Gehen lehren wollen.

Das Volk nimmt die Schriften der Einsichtsvollen hin, nicht um sich zu unterrichten, sondern sie zu beurtheilen. Nie sah man so viele Dandins. Das Theater wimmelt davon, die Cafés erschallen von ihren Sprüchen, sie verbreiten sie in den Journalen, die Quais sind bedeckt von ihrem Geschreibsel, und ich höre, wie der „Waisenknabe", weil man ihn applaudirt, von gar manchem ABC-Schützen kritisirt wird, der so wenig fähig ist, die Fehler desselben zu erkennen, daß er kaum seine Schönheiten fühlt.

Suchen wir die erste Quelle der Unordnungen in der Gesellschaft, so werden wir finden, daß alle Leiden der Menschen weit mehr aus dem Irrthum, als aus der Unwissenheit stammen, und daß das, was wir nicht wissen, uns viel weniger schadet, als das, was wir zu wissen glauben. Gibt es nun ein sichreres Mittel, von Irrthum zu Irrthum zu eilen, als die Wuth, Alles zu wissen? Wenn man nicht behauptet hätte zu wissen, daß die Erde sich nicht bewege, so würde man Galilei nicht dafür bestraft haben, daß er sagte, sie bewege sich. Wenn nur die wahren Philosophen auf diesen Titel Anspruch gemacht hätten, so würde die Encyklopädie keine Verfolger gehabt haben. Wenn nicht hundert Knirpse nach Ruhm strebten, so würden Sie den Ihrigen in Frieden genießen oder Sie würden wenigstens nur Ihrer würdige Nebenbuhler haben.

Seien Sie also nicht überrascht, einige Dornen zu fühlen, die von den Blüthen unzertrennlich sind, womit die großen Talente gekrönt werden. Die Schmähungen Ihrer Feinde sind die satirischen Zurufe, welche dem Zuge der Triumphatoren folgten; der Eifer des Publikums für Ihre Schriften ist es, der die Diebstähle bewirkt, über welche Sie sich beklagen, aber die Fälschungen sind nicht leicht, denn das Eisen und Blei verbinden sich nicht mit dem Golde. Erlauben Sie mir, es Ihnen zu sagen, wegen des Antheils, den ich an Ihrer Ruhe und an unsrer Belehrung nehme: verachten Sie das hohle Geschrei, durch welches man weniger sucht, Ihnen übel zu thun, als Sie abzuhalten, Gutes zu thun. Je mehr man Sie kritisiren wird, desto mehr müssen Sie machen, daß man Sie bewundert. Ein gutes Buch ist eine schreckliche Antwort auf gedruckte Schmähungen, und wer sollte es wagen, Ihnen Schriften beizulegen, die Sie nicht gemacht haben, so lange Sie nur unnachahmliche schaffen?

Ihre Einladung hat mich bewegt, und wenn dieser Winter mich im Stande läßt, im Frühjahr in meine Heimat überzusiedeln, so werde ich von Ihrer Güte Gebrauch machen. Aber ich würde es vorziehen, das Wasser Ihrer Quelle zu trinken, als die Milch Ihrer Kühe, und was die Kräuter Ihres Gartens betrifft, so fürchte ich darin keine andern zu finden als Lotos, welcher nicht die Nahrung der Thiere ist, und Moly*), das die Menschen verhindert, in solche verwandelt zu werden.

----

*) Von beiden Kräutern erzählt die Odyssee.

An einen Anonymus.
(Durch Vermittlung des Mercure de France.)

Paris, den 29. November 1755.

Ich habe den 26. d. M. einen vom 28. Oktober datirten anonymen Brief erhalten, welcher, schlecht adressirt, erst nach Genf und dann nach Paris an mich gelangt ist. Diesem Brief war eine Schrift für meine Vertheidigung beigelegt, die ich nicht, wie der Verfasser es wünscht, dem Mercure übergeben kann, aus Gründen, die er fühlen muß, wenn er wirklich die Achtung für mich hegt, die er mir bezeugt. — Ich habe weder die Eitelkeit, noch den Trost, zu glauben, daß alle meine Mitbürger so denken wie ich; aber ich kenne die Aufrichtigkeit Ihres Benehmens, und wenn mich einer von ihnen angreift, so wird es laut und offen geschehen; sie werden mich genug achten, wenn sie mich bekämpfen, oder wenigstens sich selbst genug achten, um mir dieselbe Freimüthigkeit zu zeigen, deren ich mich gegen alle Welt bediene. Uebrigens werden sie, für die dieses Werk geschrieben ist, sie, denen es gewidmet ist, sie, die es durch Ihre Beistimmung geehrt haben, mich nicht fragen, wozu es gut ist; sie werden mir nicht, wie viele Andre, den Einwurf machen, daß, wenn auch Alles darin wahr wäre, ich es doch nicht hätte sagen sollen; als ob das Glück der Gesellschaft auf die Irrthümer der Menschen gegründet wäre! Sie werden, ich wage es zu glauben, starke Gründe darin finden, ihre Verfassung zu lieben, und Mittel, sie zu erhalten, und wenn sie darin die Maximen wahrnehmen, die dem guten Bürger geziemen, so werden sie eine Schrift nicht verachten, welche überall die Humanität, die Freiheit, die Liebe zum Vaterlande und den Gehorsam gegen die Gesetze verkündet.

Was die Bewohner anderer Länder betrifft, so wäre es, wenn sie in diesem Werke nichts Nützliches oder Unterhaltendes finden, besser, wie mir scheint, sie zu fragen, warum sie es lesen, als ihnen zu erklären, warum es geschrieben ist. Wenn ein Schöngeist von Bordeaux mich gewichtig ermahnt, die politischen Erörterungen sein zu lassen und lieber Opern zu machen, in Erwägung, daß er, der Schöngeist, sich weit mehr bei einer Vorstellung des „Wahrsagers" amüsirt als beim Lesen der Abhandlung über die Ungleichheit, so hat er unzweifelhaft Recht, falls es wahr ist, daß ich verpflichtet bin, in einer Schrift an die Bürger von Genf die Spießbürger von Bordeaux zu amüsiren.

Wie dem sein mag, unter Bezeugung der Dankbarkeit gegen meinen Vertheidiger bitte ich ihn, meinen Widersachern das Feld frei zu lassen, und ich bedaure selbst sehr die Zeit, welche ich früher damit verlor, ihnen zu antworten. Wenn die Erforschung der Wahrheit in persönliche Streitigkeiten und Zänkereien ausartet, so greift sie gar bald zu den Waffen der Lüge; scheuen wir uns davor, sie so zu erniedrigen! Welchen Werth die Wissenschaft haben mag, der Frieden der Seele ist noch mehr werth. Ich will keine andere Vertheidigung für meine Schriften, als die Vernunft und die Wahrheit, und keine andern für meine Person, als mein Betragen und meine Sitten. Wenn diese Stützen mir versagen, so wird Nichts mich stützen; wenn sie mich stützen, was habe ich zu fürchten?

――― ―

An den Grafen von Tressan*).

Paris, den 26. December 1755.

Ich ehrte Sie, mein Herr, wie wir Alle es thun; es ist mir süß, die Dankbarkeit mit der Hochachtung zu verbinden, und ich würde gern Herrn Palissot danken, daß er mir, ohne daran zu denken, Beweise Ihrer Güte verschafft hat, die mir erlauben, Ihnen welche für meine Hochachtung zu geben. Wenn dieser Autor es daran hat fehlen lassen, was er und was die ganze Erde dem Fürsten, den er amüsiren wollte, schuldig ist, wer könnte das mehr als ich unentschuldbar finden? Aber wenn sein

―――

*) Palissot, Mitglied der von Stanislaus Lesczinski, König von Polen und Herzog von Lothringen, in Nancy gestifteten Akademie der Wissenschaften, hatte Rousseau's Persönlichkeit und paradoxe Ansichten zum Gegenstand eines Lustspiels gemacht. Auf die Beschwerde d'Alemberts darüber sollte Palissot erst aus der Akademie ausgestoßen werden. Auf die Verwendung Rousseau's hin sollte davon abgesehen, aber der Hergang in die Akten der Akademie eingetragen werden.

ganzes Verbrechen darin besteht, meine Lächerlichkeiten darge-
stellt zu haben, so gehört das zu den Rechten des Theaters; ich
sehe darin nichts Verwerfliches für einen ehrlichen Menschen, und
an dem Autor erkenne ich das Verdienst an, einen sehr reichen
Stoff gewählt zu haben. Ich bitte Sie also, mein Herr, in dieser
Angelegenheit nicht auf den Eifer zu hören, den Freundschaft
und Edelmuth Herrn d'Alembert einflößen, und nicht wegen
dieser Bagatelle einem Mann von Verdienst Verdruß zuzuziehen;
er hat mir nicht wehe gethan, und die Ungnade des Königs von
Polen und die Ihrige würde ihm viel Schmerz verursachen.

Mein Herz ist bewegt von dem Lobe, mit dem sie diejenigen
meiner Mitbürger beehren, die unter Ihren Befehlen stehen.
In der That ist der Genfer von Natur gut, er hat eine redliche
Seele, es fehlt ihm nicht an Verstand, und er bedarf nur guter
Beispiele, um sich ganz dem Guten zuzuwenden. Erlauben Sie
mir, mein Herr, diese jungen Offiziere zu ermahnen, aus dem
Ihrigen zu lernen, sich Ihrer Güte würdig zu machen und
unter Ihren Augen die Eigenschaften zu vervollkommnen, die sie
Ihnen vielleicht zu verdanken haben und welche Sie ihrer Erziehung zuschreiben. Wenn Sie nach Paris kommen, so werde
ich den Rath, den ich ihnen gebe, gern auf mich beziehen. Sie
werden den Kriegsmann studiren, ich den Philosophen; unser
gemeinsames Studium wird der brave Mann sein, und Sie
werden immer unser Meister sein.

An Denselben.

Paris, den 7. Januar 1756.

Trotz der Gefahr, lästig zu werden, kann ich nicht umhin,
zu den Danksagungen, die ich Ihnen, mein Herr, schuldig bin,
Bemerkungen über die Einregistrirung der Palissot'schen Angelegenheit hinzuzufügen, und ich werde mir gleich die Freiheit
nehmen, Ihnen zu sagen, daß eben meine Bewunderung für die
Tugenden des Königs von Polen mir nur dann erlaubt, den
Beweis von Güte anzunehmen, mit dem Seine Majestät mich in

diesem Falle beehrt, wenn Alles der Vergessenheit übergeben wird. Ich wage es zu sagen, daß es sich für den König nicht eignet, eine unvollständige Gnade zu bewilligen, und daß nur eine unbedingte Verzeihung seiner großen Seele würdig ist. Ist es übrigens eine Begnadigung, wenn man die Strafe verewigt? Und sollten die Register einer Akademie nicht vielmehr die kleinen Fehler ihrer Mitglieder verdecken, als hervorheben? Endlich, so wenig Achtung ich auch vor meinen Zeitgenossen habe, Gott verhüte, daß wir sie bis zu dem Punkte erniedrigen, als einen Akt der Tugend das einzuschreiben, was nur eine der einfachsten Handlungen ist, an der es jeder Schriftsteller in meiner Lage nicht hätte fehlen lassen.

Vollenden Sie also, mein Herr, das gute Werk, welches Sie begonnen haben, damit es Ihrer würdig wird. Es sei nicht mehr die Rede von einer Bagatelle, die schon mehr Lärm gemacht und Herrn Palissot mehr Verdruß gebracht hat, als die Sache verdiente. Was hätten wir für ihn gethan, wenn die Verzeihung ihm so theuer zu stehen kam als die Strafe?

Erlauben Sie mir, nicht auf die Lobsprüche zu antworten, mit denen Sie mich beehren; es sind strenge Lehren, die ich benutzen werde, denn ich weiß wohl, und dieser Brief bezeugt es, daß man Diejenigen, welche man vollkommen achtet, sehr mäßig lobt. Aber, mein Herr, diese Erörterungen müssen bis zu unsrer Zusammenkunft vertagt werden; ich erwarte sehnlich das Vergnügen, welches Sie mir versprechen; und Sie werden sehen, daß so oder so Sie mich nicht mehr loben werden, sobald wir einander kennen.

An Herrn von Boissy.

Paris, den 24. Januar 1756.

Ich danke Herrn von Boissy ergebenst für die Güte, welche er gehabt hat, mir diesen Aufsatz *) mitzutheilen. Er scheint

---

*) Es war die Antwort des Anonymus von Bordeaux auf Rousseau's Brief im Mercure de France.

mir angenehm geschrieben, mit jener feinen und scherzhaften Jronie gewürzt, welche man, glaube ich, Höflichkeit nennt, und ich finde mich keineswegs beleidigt dadurch. Nicht nur gebe ich meine Zustimmung zu seiner Veröffentlichung, sondern ich wünsche selbst, daß er in seinem gegenwärtigen Zustande gedruckt wird, zur Belehrung des Publikums und meiner eigenen. Wenn die Moral des Autors gesunder erscheint als seine Logik, und wenn seine Mahnungen besser sind als seine Schlußfolgerungen, sollte das nicht ein Zeichen sein, daß die Fehler meiner Person leichter zu bemerken sind als die Irrthümer meines Buchs? Uebrigens weisen ihn alle die schauderhaften Dinge, die er darin findet, mehr als je an, seine Zeit nicht mit dem Lesen desselben zu verlieren.

An Frau von Epinay.

Mit großer Aufmerksamkeit, Madame, habe ich Jhre Briefe an Jhren Sohn*) gelesen; sie sind gut, ausgezeichnet, aber sie taugen nichts für ihn. Erlauben Sie mir, Jhnen das mit der Offenheit zu sagen, die ich Jhnen schuldig bin. Ungeachtet der Milde und Salbung, mit denen Sie Jhre Ermahnungen zu schmücken glauben, ist der Ton dieser Briefe im Allgemeinen zu ernst; er verräth Jhr Vorhaben, und, wie Sie selbst sagen, darf das Kind, wenn der Plan gelingen soll, nichts davon merken. Ich glaube, daß die Idee, ihm zu schreiben, ein glücklicher Fund ist und sein Herz und seinen Geist bilden kann, aber zwei Bedingungen sind dazu nöthig: er muß Sie verstehen und Jhnen antworten können. Diese Briefe müssen nur für ihn gemacht sein, und die beiden, die Sie mir geschickt haben, würden gut für alle Welt sein, ausgenommen für ihn. Glauben Sie mir, heben Sie sie für ein reiferes Alter auf; geben Sie ihm Erzählungen, geben Sie ihm Fabeln, aus denen er selbst die Moral ziehen kann, und besonders solche, die er

---

*) Er war noch nicht 13 Jahre alt.

auf sich anwenden kann. Hüten Sie sich vor Allgemeinheiten; man thut nichts als Unnützes, wenn man Maximen an die Stelle von Thatsachen setzt; von seinen Erfahrungen im Guten oder Bösen muß man ausgehen. Aber wenn Sie Ihrem Herrn Sohn sagen, daß Sie sich bemühen, sein Herz und seinen Geist zu bilden, daß Sie ihm durch die Unterhaltung die Wahrheit und seine Pflichten zeigen werden, so wird er vor Allem, was Sie sagen, auf der Hut sein; es werden ihm aus Ihrem Munde immer nur Lehren hervorzugehen scheinen; Alles, selbst sein Kreisel, wird ihm verdächtig werden.

Wozu dient es z. B., ihn über die Pflichten, die Sie als seine Mutter haben, zu belehren? Warum sollen ihm beständig die Worte: Gehorsam, Pflichten, Vernunft im Ohre tönen? Alles dies hat einen erschreckenden Klang in seinem Alter. — Lassen Sie ihn über die Bedeutung dieser Worte in Unwissenheit, bis Sie ihm dieselbe durch seine eigenen Handlungen erklären können, und lassen Sie ihn vor Allem das Vortheilhafte und Angenehme fühlen, was für ihn daraus entspringt, um ihm zu zeigen, daß ein Akt des Gehorsams und der Pflicht keine so schreckliche Sache ist, als er sich einbilden könnte.

Der zweite Brief enthält zwar keine Ihrem Zweck entgegengesetzten Dinge, wie der erste, aber er ist doch voll von Ideen und Bildern, die nicht allein für das Alter Ihres Kindes, sondern für ein viel weiteres zu schwer sind. Ihre Definition der Höflichkeit ist richtig und zart, aber man muß zweimal darüber nachdenken, um die ganze Feinheit derselben zu fühlen *). Weiß er, was Achtung, was Wohlwollen ist? Ist er im Stande, den freiwilligen oder unfreiwilligen Ausdruck eines zart empfindenden Herzens zu unterscheiden? Wie werden Sie ihm begreiflich machen, daß der Körper nicht dem Schatten nachlaufen soll und daß der Schatten nicht ohne den Körper,

---

*) Die Definition lautete: „Die Höflichkeit ist in einem zart empfindenden Herzen ein sanfter, wahrer und freiwilliger Ausdruck des Gefühls der Achtung und des Wohlwollens." Ferner schrieb Frau von Epinay an ihren Sohn: „Das Lob folgt der Tugend, wie der Schatten dem Körper folgt; aber der Körper soll nicht dem Schatten nachlaufen, und der Schatten kann nicht bestehen ohne den Körper, der ihn hervorbringt."

der ihn hervorbringt, bestehen kann? Beachten Sie, Madame, daß die Kinder, wenn man ihnen zu zeitig schwere und verwickelte Ideen vorlegt, genöthigt werden, auf die Definition eines jeden Wortes zurückzugehen. Diese Definition ist fast immer verwickelter und unbestimmter als der Gedanke selbst; sie machen eine schlechte Anwendung davon, und es bleiben ihnen nur falsche Vorstellungen im Kopfe. Ferner hat dies den Nachtheil, daß sie wie Papageien große Worte wiederholen, mit denen sie keinen Sinn verbinden, und daß sie mit zwanzig Jahren nur große Kinder oder wichtig thuende Plattköpfe sind.

Sie haben meine Ansicht schriftlich verlangt; Madame, hier ist sie. Ich wünsche, daß Sie sich mit derselben verständigen, aber es ist mir nicht möglich, Ihnen eine andere zu geben. Wenn ich mich nicht in Ihnen getäuscht habe, so werden Sie mir meine Grobheit verzeihen und werden Ihre Arbeit mit mehr Muth und Erfolg als je wieder beginnen.

An Herrn von Scheyb,
Sekretär der Stände von Nieder-Oesterreich.

In der Einsiedelei, den 15. Juli 1756.

Sie verlangen, mein Herr, von mir Lobsprüche für Ihre erhabenen Souveräne und für die Wissenschaften, die sie in ihren Staaten blühen lassen. Gestatten Sie, daß ich damit anfange, in Ihnen einen eifrigen Unterthan der Kaiserin*) und einen guten Bürger der Republik der Wissenschaften zu loben. Ohne die Ehre zu haben, Sie zu kennen, darf ich aus dem Eifer, der Sie beseelt, schließen, daß Sie selbst vollkommen die Pflichten erfüllen, welche Sie Andern auferlegen, und daß Sie zugleich die Funktionen eines Staatsmannes Ihren Majestäten und die eines Schriftstellers dem Publikum zu Danke verrichten.

Was den Auftrag betrifft, den Sie mir geben, so weiß ich wohl, mein Herr, daß ich nicht der erste Republikaner sein

---

*) Maria Theresia.

würde, der dem Throne Weihrauch darbrächte, noch der erste Unwissende, der die Wissenschaften besänge; aber ich bin so wenig dazu geeignet, Ihre Intentionen würdig auszuführen, daß meine Unzulänglichkeit meine Entschuldigung ist, und ich weiß nicht, wie die großen Namen, die Sie citiren, Sie noch an mich haben denken lassen. Ich sehe übrigens aus dem Tone, dessen sich die Schmeichelei zu jeder Zeit gegen gewöhnliche Fürsten bediente, daß es Diejenigen ehren heißt, die man achtet, wenn man sie mit Maß lobt; denn man weiß, daß die Fürsten, die man am meisten lobt, selten diejenigen sind, die es am besten verdienen. Nun ist es für Niemand rathsam, sich in die Reihe zu stellen mit der Absicht, weniger zu thun als die Andern, besonders wenn man fürchten muß, es weniger gut zu thun. Erlauben Sie mir also zu glauben, daß in den Schriften der berühmten Autoren, die Sie mir nennen, nicht mehr wahre Achtung für den Kaiser*) und die Kaiserin liegt als in meinem Schweigen, und daß es eine Verwegenheit sein würde, es nach dem Beispiele jener Autoren zu brechen, ohne ihre Talente zu haben.

Sie drängen mich auch, Ihnen zu sagen, ob Ihre kaiserlichen Majestäten wohl daran gethan haben, großartige Anstalten und ungeheure Summen auf öffentliche Vorträge in ihrer Hauptstadt zu verwenden, und nach der bejahenden Antwort von so vielen berühmten Autoren verlangen Sie noch die meinige. Was mich betrifft, mein Herr, so habe ich nicht die nöthigen Kenntnisse, um mich so rasch zu entschließen, und ich kenne die Sitten und Talente Ihrer Landsleute zu wenig, um eine sichere Anwendung auf Ihre Frage zu machen. Aber ich theile Ihnen hier meine Ansicht genau mit, und Sie können daraus besser als ich den Schluß ziehen.

In Bezug auf die Sitten: Wenn die Menschen verdorben sind, so ist es besser, sie sind gelehrt als unwissend; wenn sie gut sind, so ist zu fürchten, daß die Wissenschaften sie verderben.

In Bezug auf die Talente: Wenn man welche hat, so ver-

---
*) Franz I.

stärkt und vervollkommnet sie das Wissen; wenn man keine hat, so entzieht das Studiren noch die Vernunft und macht einen Pedanten und einen Dummkopf aus einem Menschen von gewöhnlichem Verstand und von wenig Geist.

Ich kann einige Bemerkungen hinzufügen. In was für einem Jahrhundert ein großer Mann geboren wird, er ist immer ein großer Mann, man pflege die Wissenschaften oder nicht; denn die Quelle seines Verdienstes ist nicht in den Büchern, sondern im Kopfe, und oft dienen die Hindernisse, welche er trifft und überwindet, nur dazu, ihn noch erhabener und größer zu machen. Man kann die Gelehrsamkeit und selbst die Gelehrten kaufen, aber das Genie, welches die Gelehrsamkeit nutzbringend macht, läßt sich nicht kaufen; es kennt weder das Geld, noch den Befehl der Fürsten; es liegt nicht in ihrer Macht, es entstehen zu lassen, sondern nur es zu ehren; es lebt und macht sich unsterblich mit der Freiheit, die ihm natürlich ist, und Ihr berühmter Metastasio war schon der Ruhm Italiens, bevor er von Karl VI. bewillkommnet wurde. Bestreben wir uns also, den wahren Fortschritt der Talente nicht mit der Protektion zu verwechseln, die ihnen die Souveräne gewähren können. Die Wissenschaften herrschen so zu sagen in China seit 2000 Jahren und können nicht aus der Kindheit heraus kommen, während sie in England, wo die Regierung nichts für sie that, in voller Kraft sind. Europa ist vergeblich mit studirten Leuten überschwemmt, die Leute von Verdienst sind immer selten; Schriften von Dauer sind es noch mehr, und die Nachwelt wird glauben, daß man sehr wenig Bücher in eben dem Jahrhundert machte, wo man deren so viele macht.

Hinsichtlich Ihres Vaterlandes im Besondern bietet sich eine sehr einfache Bemerkung dar. Die Kaiserin und ihre erhabenen Vorfahren haben nicht nöthig gehabt, Geschichtschreiber und Dichter zu besolden, um die großen Dinge, die sie ausführen wollten, zu feiern; aber sie haben große Dinge gethan, und sie sind der Unsterblichkeit geweiht, wie die jenes alten Volks, welches zu handeln wußte und nicht schrieb. Vielleicht fehlte ihren Arbeiten die würdigste, sie zu krönen, weil es die schwerste ist, nämlich: mit Hülfe der Wissenschaften einen so großen Ruhm zu behaupten, der ohne dieselben erworben wurde.

Wie dem auch sein mag, mein Herr, genug Andere werden den Beschützern der Wissenschaften und Künste Lobreden halten, die Ihre kaiserlichen Majestäten mit den meisten Königen theilen werden; was ich aber an ihnen bewundere und was ihnen in Wahrheit mehr eigen ist, ist ihre beständige Liebe zur Tugend und zu Allem, was rechtschaffen ist. Ich leugne nicht, daß Ihr Land lange Zeit in Barbarei gelegen hat, aber ich behaupte, daß es leichter gewesen, bei den Hunnen die schönen Künste einzuführen, als aus dem größten Hofe Europa's eine Schule der guten Sitten zu machen.

Schließlich muß ich Ihnen sagen, daß Ihr Brief, da er nach Genf adressirt war, fast sechs Wochen unterwegs gewesen ist, was mich des Vergnügens beraubt hat, so bald darauf zu antworten, als ich gewünscht hätte.

An Voltaire.

Den 18. August 1756.

Ihre beiden letzten Gedichte*), mein Herr, sind mir in meiner Einsamkeit zugekommen, und obgleich meine Freunde die Liebe kennen, die ich zu Ihren Schriften habe, so weiß ich doch nicht, von welcher Seite die genannten kommen könnten, wenn nicht von Ihrer. Also glaube ich Ihnen zugleich für das Exemplar und das Werk danken zu müssen. Ich habe darin Vergnügen und Belehrung gefunden und die Hand des Meisters wieder erkannt. Ich werde Ihnen nicht sagen, daß mir Alles gleich gut erscheint; aber was mir darin mißfällt, flößt mir nur um so mehr Vertrauen ein zu Dem, was mich entzückt. Nicht ohne Mühe verwahre ich manchmal meine Vernunft gegen die

---

*) Das über die Zerstörung Lissabons (durch das schreckliche Erdbeben im Jahre 1755) und das über das Naturgesetz.

Reize Ihrer Poesie; aber gerade um meine Bewunderung Ihrer Werke würdiger zu machen, strenge ich mich an, nicht Alles darin zu bewundern.

Alle meine Beschwerden sind gegen Ihr Gedicht über das Unglück von Lissabon gerichtet, weil ich von ihm eine Wirkung erwartete, die der Humanität, welche es Ihnen eingeflößt zu haben scheint, würdiger gewesen wäre. Sie werfen Pope und Leibniz vor, durch die Behauptung, Alles sei gut, unsre Leiden zu verhöhnen, und Sie überladen das Gemälde unsres Elends so sehr, daß Sie das Gefühl derselben verschlimmern. Anstatt des Trostes, auf den ich hoffte, haben Sie mich nur betäubt. Man möchte sagen, Sie fürchteten, daß ich nicht sehe, wie sehr ich unglücklich bin, und Sie glaubten mich nicht wenig zu beruhigen, indem Sie mir beweisen, daß Alles schlecht ist. Täuschen Sie sich nicht, mein Herr, es geschieht ganz das Gegentheil von Dem, was Sie beabsichtigen. Dieser Optimismus, den Sie so grausam finden, tröstet mich dennoch in den nämlichen Schmerzen, die Sie mir als unerträglich schildern.

„Mensch, fasse Geduld", sagen mir Pope und Leibniz; „die Uebel sind eine nothwendige Wirkung der Natur und der Einrichtung der Welt. Das ewige und wohlwollende Wesen, welches sie regiert, hätte dich gern davor bewahrt; unter allen möglichen Plänen hat es den gewählt, welcher das wenigste Uebel und das meiste Gute vereinigt, oder, um dasselbe noch derber zu sagen, wenn's nöthig ist: Wenn er es nicht besser gemacht hat, so geschah es, weil er es nicht besser machen konnte."

Was sagt mir nun Ihr Gedicht? „Leide immer, Unglücklicher! Wenn es einen Gott gibt, der dich geschaffen hat, so ist er ohne Zweifel allmächtig; er konnte alle deine Leiden verhindern: hoffe also niemals auf ein Ende derselben, denn man kann nicht sagen, warum du existirst, wenn es nicht ist, um zu leiden und zu sterben." Ich weiß nicht, was eine solche Lehre Tröstlicheres haben kann als der Optimismus. Wenn die Schwierigkeit im Ursprung des Uebels Sie zwang, eine der Vollkommenheiten Gottes zu alteriren, warum wollen Sie seine Macht rechtfertigen auf Kosten seiner Güte? Wenn man zwischen zwei Irrthümern wählen muß, so ziehe ich lieber den ersten vor.

Sie wollen nicht, mein Herr, daß man Ihr Werk als ein Gedicht gegen die Vorsehung betrachtet, und ich werde mich wohl hüten, ihm diesen Namen zu geben, obschon Sie eine Schrift*), in der ich die Sache der Menschheit gegen sie selbst verfocht, für ein Buch gegen die Menschheit erklärt haben. Ich kenne die Unterscheidung, die man zwischen den Absichten eines Schriftstellers und den Folgerungen machen muß, die aus seiner Lehre gezogen werden können. Die gerechte Vertheidigung meiner selbst nöthigt mich nur zu der Bemerkung, daß bei meiner Schilderung des menschlichen Elends der Zweck entschuldbar, ja sogar löblich war, denn ich zeigte den Menschen, wie sie ihr Unglück selbst herbeiführten, und folglich, wie sie es vermeiden konnten.

Ich sehe nicht, daß man die Quelle des moralischen Uebels wo anders suchen dürfe, als im freien, ausgebildeten, daher verdorbenen Menschen, und was die physischen Uebel betrifft, o sind sie, da, wie mir scheint, eine empfindende, aber schmerzlose Materie ein Widerspruch ist, unvermeidlich in jedem Systeme, von dem der Mensch einen Bestandtheil bildet, und dann lautet die Frage nicht: warum ist der Mensch nicht vollkommen glücklich? sondern: warum existirt er? Ueberdies glaube ich gezeigt zu haben, daß mit Ausnahme des Todes, der fast nur durch die Vorbereitungen, die man für ihn macht, zu einem Uebel wird, die meisten unsrer physischen Uebel auch unser Werk sind. Bleiben wir z. B. bei Ihrem Gegenstand Lissabon und Sie werden zugestehen, daß es nicht die Natur war, welche dort 20,000 sechs bis sieben Stock hohe Häuser aufgestellt hat, und daß, wenn die Einwohner dieser großen Stadt mehr zerstreut und leichter gewohnt hätten, der Schaden viel geringer und vielleicht gleich Null gewesen sein würde. Alles wäre bei der ersten Erschütterung aus gewesen, und man hätte die Einwohner am folgenden Tage zehn Stunden weit davon entfernt gesehen,

---

*) Die Abhandlung über den Ursprung der Ungleichheit der Menschen.

ganz so heiter, als wäre nichts geschehen. Aber man muß bleiben, sich an das Gemäuer klammern, sich neuen Erschütterungen aussetzen, weil Das, was man da läßt, mehr werth ist als das, was man wegtragen kann. Wie viel Unglückliche sind bei diesem schrecklichen Ereigniß umgekommen, weil der Eine seine Kleider, der Andre seine Papiere, wieder ein Andrer sein Geld retten wollte! Weiß man nicht, daß die Person eines Jeden der geringste Theil seiner selbst geworden ist, und daß es fast nicht der Mühe werth ist, sie zu retten, wenn man alles Uebrige verloren hat?

Aber wie erfinderisch wir sein mögen, unser Elend vermittelst schöner Einrichtungen zu befördern, so weit haben wir es doch noch nicht in unsrer Vervollkommnung gebracht, uns allgemein das Leben zur Last zu machen und das Nichts unserer Existenz vorzuziehen; sonst würde die Entmuthigung, die Verzweiflung sich bald der größten Anzahl bemächtigt haben, und das Menschengeschlecht hätte nicht lange bestehen können. Wenn es nun besser ist, zu sein, als nicht zu sein, so reichte dies schon hin, um unsre Existenz zu rechtfertigen, selbst für den Fall, daß wir keine Entschädigung für unsre Leiden zu erwarten hätten, und daß diese Leiden so groß wären, wie Sie sie darstellen. Aber es ist schwer, in diesem Punkte Redlichkeit bei den Menschen zu finden und richtige Rechnung bei den Philosophen, weil diese bei der Vergleichung des Guten und Ueblen immer das von jeder andern Empfindung unabhängig süße Gefühl des Daseins vergessen, und die Andern durch die Eitelkeit, den Tod zu verachten, verleitet werden, das Leben zu verleumden, wie die Weiber, welche mit einem befleckten Kleide und der Scheere in der Hand behaupten, Löcher den Flecken vorzuziehen.

Sie denken mit Erasmus, daß Wenige noch einmal geboren werden möchten unter denselben Bedingungen, wie sie gelebt haben; aber Mancher würde gar viel nachlassen, wenn er hoffen könnte, einen solchen Handel abzuschließen. Wen mögen Sie übrigens darüber befragt haben? Reiche Leute vielleicht, die mit falschen Vergnügungen übersättigt sind, aber die wahren nicht kennen, immer vom Leben gelangweilt werden und immer zittern, es zu verlieren. Vielleicht studirte Leute, von allen Klassen die seßhafteste, die ungesundeste, die nachdenklichste und folglich die unglücklichste. Wollen Sie Menschen von einem besseren Schlage finden, oder wenigstens solche, die gemeiniglich aufrichtiger sind und, weil sie die größte Anzahl bilden, schon deshalb vorzugsweise gehört werden müssen, so befragen Sie einen rechtschaffenen Bürger, der ein obskures und ruhiges Leben ohne Projekte und ohne Ehrgeiz zugebracht hat; einen guten Handwerker, der bequem von seinem Geschäfte lebt, einen Bauer selbst, aber nicht einen in Frankreich, wo man behauptet, daß man sie in Elend sterben lassen müsse, damit wir von ihnen leben können, sondern in dem Lande z. B., wo Sie jetzt sind, und allgemein in jedem freien Lande. Ich wage die Behauptung, daß es in Ober-Wallis vielleicht keinen einzigen Bergbewohner gibt, der nicht mit seinem Leben, welches fast das eines Automaten ist, zufrieden wäre, und der nicht gern selbst für das Paradies, welches ihn erwartet und ihm gebührt, die unaufhörliche Wiedergeburt erkaufte, um beständig auf dieselbe Weise zu vegetiren. Diese Unterschiede lassen mich glauben, daß es oft der Mißbrauch des Lebens ist, der es uns zur Last macht, und ich habe eine viel weniger gute Meinung von Denjenigen, die sich ärgern, gelebt zu haben, als von Dem, der mit Cato sagen kann: nec me vixisse poenitet, quoniam ita vixi, ut frustra me natum non existimem*). Dies hindert nicht, daß manchmal der Weise freiwillig abziehen kann, ohne Murren und ohne Verzweiflung, wenn die Natur oder das Schicksal ihm ganz bestimmt den Befehl überbringen, zu sterben. Aber im gewöhnlichen Laufe der Dinge ist das menschliche Leben, mit welchen Uebeln es auch besät sein möge, Alles in Allem genommen, kein übles Geschenk; und wenn es nicht immer ein Uebel ist, zu sterben, so ist es sehr selten eines, zu leben.

Die Verschiedenheit unsrer Denkweise in allen diesen Punkten lehrt uns, warum mehrere Ihrer Beweise nicht sehr

---

*) Und es reut mich nicht, gelebt zu haben, da ich so gelebt habe, daß ich mich nicht vergebens geboren glaube.

bündig für mich sind; denn ich weiß wohl, wie viel leichter die menschliche Vernunft den Charakter unsrer persönlichen Meinungen annimmt, als den der Wahrheit, und daß bei zwei Menschen von entgegengesetzter Ansicht Dasjenige, was der Eine für bewiesen hält, oft nur ein Trugschluß für den Andern ist.

Indem Sie z. B. die von Pope so gut beschriebene Kette der Wesen angreifen, sagen Sie, es sei nicht wahr, daß, wenn man ein Atom aus der Welt wegnähme, die Welt nicht mehr bestehen könnte. Sie citiren darüber Herrn von Crousaz*); dann fügen Sie hinzu, daß die Natur an kein präcises Maß und an keine präcise Form gebunden sei; daß kein Planet sich in einer absolut regelmäßigen Kurve bewege; daß kein bekanntes Wesen eine streng mathematische Figur habe; daß für keine Operation eine ganz genaue Quantität erforderlich sei; daß die Natur nie rigorös verfahre, und daß man demnach gar keinen Grund zu der Versicherung habe, ein Atom weniger auf der Erde würde die Ursache von der Zerstörung der Erde sein. Ich gestehe Ihnen, mein Herr, daß ich in alle Dem mehr frappirt bin von der Kraft der Behauptung als von der Kraft der Beweise, und daß ich in dieser Angelegenheit mit mehr Vertrauen Ihrer Autorität als Ihren Beweisen folgen würde.

Was Herrn von Crousaz betrifft, so habe ich seine Schrift gegen Pope nicht gelesen und bin vielleicht nicht im Stande, sie zu verstehen; aber gewiß ist, daß ich ihm nicht zugeben würde, was ich Ihnen bestreite, und daß ich ebenso wenig Glauben an seine Beweise als an seine Autorität habe. Weit entfernt zu denken, daß die Natur nicht an die Genauigkeit der Quantitäten und Figuren gebunden sei, möchte ich ganz im Gegentheil glauben, daß nur sie diese Genauigkeit streng befolgt, weil sie allein die Zwecke und Mittel genau zu vergleichen und die Kraft nach dem Widerstand zu messen versteht. Kann man hinsichtlich ihrer angeblichen Unregelmäßigkeiten daran zweifeln, daß sie alle ihre physische Ursache haben, und ist man

---

*) Prüfung des Versuchs über den Menschen, Lausanne 1737.

berechtigt, das Vorhandensein einer solchen zu leugnen, weil man sie nicht wahrnimmt? Diese scheinbaren Unregelmäßigkeiten kommen ohne Zweifel von Gesetzen, die wir nicht kennen und welche die Natur ebenso treu befolgt wie die, welche uns bekannt sind; von einem Agens, welches wir nicht wahrnehmen und dessen Mit- oder Gegenwirkung bestimmte Maße in allen Operationen hat; sonst müßte man gerade heraus sagen, daß es Handlungen gibt ohne Motiv, und Wirkungen ohne Ursache, was aller Philosophie widerstreitet. —

Sie sagen, kein bekanntes Wesen habe eine streng mathematische Figur. Ich frage Sie, ob es eine Figur gibt, die das nicht ist, und ob die sonderbarste Kurve in den Augen der Natur nicht ebenso regelmäßig ist als ein vollkommner Zirkel in den unsrigen. Uebrigens meine ich nur, daß, wenn irgend ein Körper diese anscheinende Regelmäßigkeit hätte, es nur das Universum selbst sein könnte, wenn man es als erfüllt und begrenzt denkt; denn die mathematischen Figuren haben als bloße Abstraktionen nur Beziehung zu sich selbst, während die der Naturkörper in Beziehung stehen zu andern Körpern und Bewegungen, von denen sie modificirt werden. Also würde auch das noch nichts gegen die Präcision der Natur beweisen, aber ich weiß nicht, ob wir ein und dasselbe unter dem Worte Präcision verstehen.

Sie unterscheiden die Ereignisse, welche Wirkungen haben, von denen, welche keine haben; ich zweifle an der Solidität dieser Unterscheidung. Jedes Ereigniß scheint mir nothwendig eine Wirkung zu haben, entweder eine moralische oder physische oder eine aus beiden zusammengesetzte, die man aber nicht immer wahrnimmt, weil die Abkunft der Ereignisse noch schwieriger zu ermitteln ist als die der Menschen. Die Kleinheit der Ursachen läßt oft die Untersuchung lächerlich erscheinen, obgleich die Wirkungen gewiß sind, und oft vereinigen sich auch mehrere fast unmerklich, um ein beträchtliches Ereigniß hervorzubringen.

Sie sagen, es sei bewiesen, daß die Himmelskörper ihren Umlauf in dem nicht widerstehenden Raume vollbringen; hier war sicherlich eine schöne Sache zu beweisen, aber nach der Gewohnheit der Ignoranten habe ich sehr wenig Vertrauen zu den Beweisen, die meine Fassungskraft übersteigen. Um diesen Raum zu erweisen, hat man, denke ich, so gefolgert: Eine solche Kraft, nach einem solchen Gesetze wirkend, muß den Sternen eine solche Bewegung in einem nicht Widerstand leistenden Medium ertheilen; nun haben die Sterne genau die ausgerechnete Bewegung, folglich gibt es keinen Widerstand. Aber wer kann wissen, ob nicht eine Million andere Gesetze möglich sind, ohne das wahre mitzuzählen, aus welchen die nämlichen Bewegungen sich noch besser in einem Fluidum erklären ließen, als in jenem leeren Raume? Hat nicht der Abscheu vor dem Leeren lange Zeit die meisten Wirkungen erfüllen müssen, welche man hernach der Wirkung der Luft zuschrieb? Als andere Experimente den Abscheu vor dem Leeren vernichteten, hat man da nicht Alles voll gefunden? Hat man nicht den leeren Raum durch neue Rechnungen wieder herstellen wollen? Wer steht uns dafür, daß nicht ein noch exakteres System ihn von Neuem zerstört? — Im Allgemeinen scheint es, daß die Skeptiker sich etwas vergessen, sobald sie den dogmatischen Ton annehmen, und daß sie sich des Ausdrucks „Beweisen" mäßiger als irgend Jemand bedienen sollten. Wie soll man Glauben finden, wenn man sich rühmt, Nichts zu wissen, und doch so Vieles versichert? Uebrigens haben Sie an dem System Pope's eine sehr richtige Verbesserung angebracht, indem Sie bemerken, daß es keine verhältnißmäßige Gradation von den Geschöpfen zum Schöpfer gibt, und daß, wenn die Kette der geschaffenen Wesen bis zu Gott reicht, dies geschieht, weil er sie hält und nicht, weil er sie beschließt.

Ueber das Wohl des Ganzen, welches dem seines Theiles vorzuziehen ist, lassen Sie den Menschen sagen: Ich, ein denkendes und fühlendes Wesen, muß meinem Herrn ebenso lieb sein als die Planeten, welche vermuthlich nicht fühlen. Ohne Zweifel darf dieses materielle Universum seinem Urheber nicht lieber sein als ein einziges denkendes und fühlendes Wesen. Aber das System dieses Universums, welches alle denkenden und fühlenden Wesen hervorbringt und erhält, muß ihm lieber sein als ein einziges dieser Wesen; er kann also trotz seiner Güte oder vielmehr wegen seiner Güte der Erhaltung des Ganzen etwas von dem Glücke der Individuen aufopfern. Ich glaube, ich hoffe in den Augen Gottes mehr werth zu sein als die Masse eines Planeten, aber wenn die Planeten bewohnt sind, wie es wahrscheinlich ist, warum sollte ich in seinen Augen mehr werth sein als die Bewohner des Saturn? Man mag immer diese Vorstellung ins Lächerliche ziehen; gewiß ist es doch, daß alle Analogien für eine solche Bevölkerung sprechen, und nur der menschliche Stolz ist dagegen. Unter der Voraussetzung des Bewohntseins scheint aber die Erhaltung des Universums für Gott selbst eine moralische Bedeutung zu haben, welche sich durch die Zahl der bewohnten Welten vervielfacht.

Daß der Leichnam eines Menschen Würmer, Wölfe oder Pflanzen ernährt, ist, ich gestehe es, keine Entschädigung für den Tod dieses Menschen, aber wenn es im Systeme dieses Universums für die Erhaltung des Menschengeschlechts nothwendig ist, daß ein Kreislauf des Stoffes unter Menschen, Thieren und Pflanzen besteht, so trägt das besondere Uebel eines Individuums zum allgemeinen Wohle bei. Ich sterbe, ich werde von den Würmern verzehrt; aber meine Kinder, meine Brüder werden leben, wie ich gelebt habe; mein Leichnam düngt die Erde, deren Produkt sie essen werden, und ich thue nach dem Gebote der Väter und für alle Menschen, was Codrus, Curtius, die Dacier und tausend Andere freiwillig für einen kleinen Theil der Menschen gethan haben.

Um auf das System zurückzukommen, welches Sie, mein Herr, angreifen, so glaube ich, daß man es nicht gehörig prüfen kann, wenn man nicht sorgfältig das besondere Uebel, dessen Vorhandensein kein Philosoph je geleugnet hat, von dem allgemeinen Uebel unterscheidet, welches der Optimismus leugnet. Es handelt sich nicht darum, ob jeder von uns leidet oder nicht, sondern darum, ob es gut war, daß die Welt wurde, und ob unsre Uebel bei ihrer Einrichtung unvermeidlich waren

Anstatt „Alles ist gut", wäre es vielleicht besser zu sagen: „Das Ganze ist gut", oder „Alles ist gut für das Ganze". Alsdann ist es sehr einleuchtend, daß kein Mensch direkte Beweise für oder gegen geben kann; denn diese Beweise hängen von einer vollkommenen Erkenntniß der Einrichtung der Welt und des Zweckes ab, den ihr Urheber hatte, und diese Erkenntniß liegt unbestritten weit über der menschlichen Intelligenz. Die wahren Grundsätze des Optimismus können nicht aus den Beschaffenheiten der Materie, noch aus der Mechanik des Universums abgeleitet werden, sondern nur durch Induktion aus der Vollkommenheit Gottes, der Allem vorsteht, so daß man die Existenz Gottes nicht durch das System Pope's beweist, sondern das System Pope's durch die Existenz Gottes, und unzweifelhaft ist die Frage über den Ursprung des Uebels aus der Frage über die Vorsehung abgeleitet, und diese beiden Fragen sind nicht besser behandelt worden, weil man immer so schlecht über die Vorsehung räsonnirt hat. — —

Wenn ein tragisches Ereigniß Cartouche oder Cäsar in ihrer Kindheit hätte sterben lassen, so würde man gesagt haben: Welches Verbrechen hatten sie begangen? Diese beiden Räuber haben fortgelebt, und wir sagen: Warum hat Gott sie leben lassen? Ein Frömmling dagegen würde im ersteren Falle sagen: Gott wollte den Vater strafen, indem er ihm sein Kind nahm, und im zweiten: Gott erhielt das Kind, um das Volk zu züchtigen. So hat die Vorsehung, was auch geschehen möge, immer Recht bei den Frömmlingen und immer Unrecht bei den Philosophen. Vielleicht hat sie in der Ordnung der menschlichen Angelegenheiten weder Recht noch Unrecht, weil Alles von dem gemeinschaftlichen Gesetze abhängt und es für Niemand eine Ausnahme gibt. Es ist zu glauben, daß die besonderen Ereignisse in den Augen des Herrn der Welt nicht sind, daß seine Vorsehung nur eine allgemeine ist, daß er sich begnügt, die Gattungen und Arten zu erhalten, ohne sich um die Weise zu bekümmern, in der jedes Individuum dieses kurze Leben hinbringt. — Um in dieser Beziehung richtig zu denken, müssen, scheint es, die Dinge in der physischen Welt relativ und in der moralischen absolut betrachtet werden. Die größte Idee, die ich mir von der Vorsehung machen kann, ist die, daß jedes materielle Wesen auf die bestmögliche Weise eingerichtet ist in Bezug auf das Ganze, und jedes intelligente Wesen auf die bestmögliche in Bezug auf sich selbst, so daß es für den, der seine Existenz fühlt, besser ist zu existiren, als nicht zu existiren. Aber man muß diese Regel auf die ganze Dauer jedes fühlenden Wesens beziehen und nicht auf irgend einen besondern Augenblick seiner Dauer; was zeigt, wie sehr die Frage über die Vorsehung mit der über die Unsterblichkeit der Seele zusammenhängt. Obwohl ich das Glück habe, an diese zu glauben, so weiß ich doch recht gut, daß die Vernunft daran zweifeln kann.

Wenn ich diese verschiedenen Fragen auf ihr gemeinsames Princip zurückführe, so scheint es mir, daß sie alle auf die Frage über das Dasein Gottes hinleiten. Was mich betrifft, so werde ich Ihnen naiver Weise gestehen, daß über diesen Punkt mir weder das Für, noch das Gegen durch das Licht der Vernunft allein bewiesen scheint. Die Einwürfe von der einen wie von der andern Seite sind immer unauflöslich, weil sie Dinge betreffen, von welchen die Menschen keine wahrhafte Idee haben können. Ich gebe das zu, und dennoch glaube ich an Gott ganz ebenso stark, als ich an eine andere Wahrheit glaube, weil Glauben und Nichtglauben diejenigen Dinge von der Welt sind, welche am wenigsten von mir abhängen; weil der Zustand des Zweifelns ein zu gewaltsamer Zustand für meine Seele ist; weil, wenn meine Vernunft schwankt, mein Glaube nicht lange in der Schwebe bleiben kann und sich selbst bestimmt ohne jene; weil endlich tausend Vorzugsmotive mich auf die trostreichste Seite ziehen und das Gewicht der Hoffnung mit dem Gleichgewicht der Vernunft verbinden.

Allein ich bin wie Sie darüber empört, daß der Glaube eines Jeden nicht die vollkommenste Freiheit genießt, und daß der Mensch es wagt, das Innere des Gewissens, in welches er nicht eindringen kann, zu kontroliren, als wenn es von uns abhinge, zu glauben oder nicht zu glauben in Dingen, wo kein

Beweis stattfinden kann, und als ob man jemals die Vernunft zur Sklavin der Autorität machen könnte. Haben denn die Könige dieser Welt die Aufsicht für die Andern, und sind sie berechtigt, ihre Unterthanen hienieden zu quälen, um sie zu zwingen, ins Paradies zu gehen? Nein, jede menschliche Regierung ist durch ihre Natur auf die bürgerlichen Pflichten beschränkt, und was auch der Sophist Hobbes behaupten mag, wenn ein Mensch dem Staate gut dient, so ist er Niemand Rechenschaft über die Art und Weise schuldig, wie er Gott dient.

Ich weiß nicht, ob dieses gerechte Wesen nicht eines Tags jede in seinem Namen ausgeübte Tyrannei bestrafen wird; wenigstens bin ich überzeugt, daß er sie nicht theilen wird und daß er die ewige Seligkeit keinem redlichen und tugendhaften Ungläubigen versagen wird. Kann ich, ohne seine Güte und selbst seine Gerechtigkeit zu schmähen, daran zweifeln, daß ein rechtschaffenes Herz einen unfreiwilligen Irrthum gut macht und daß untadelhafte Sitten tausendmal mehr werth sind als bizarre Ceremonien, die von Menschen vorgeschrieben und von der Vernunft verworfen werden? —

Es gibt, ich gestehe es, eine Art Glaubensbekenntniß, welches die Gesetze verlangen können; aber außer den Principien der Moral und des natürlichen Rechts muß es sich rein negativ verhalten, weil es Religionen geben kann, welche die Grundlagen der Gesellschaft angreifen, und weil man diese Religionen ausrotten muß, um den Frieden des Staats zu sichern. Unter den zu verbannenden Dogmen ist sicher die Intoleranz das gehässigste; aber man muß sie an ihrer Quelle fassen, denn die blutdürstigsten Fanatiker verändern die Sprache je nach dem Glück und predigen nichts als Geduld und Milde, wenn sie nicht die Stärkeren sind. So nenne ich intolerant aus Princip jeden Menschen, der sich einbildet, daß man kein guter Mensch sein könne, ohne Alles zu glauben, was er glaubt, und unbarmherzig Diejenigen verdammt, welche nicht denken wie er. In der That sind die Gläubigen selten gelaunt, die Verworfenen in dieser Welt in Frieden zu lassen, und ein Heiliger, der unter Verdammten zu leben glaubt, greift gern dem Geschäft des Teufels vor. Was die intoleranten Ungläubigen betrifft, welche das Volk peinigen möchten, Nichts zu glauben, so würde ich sie nicht weniger streng verbannen als Diejenigen, welche es zwingen wollen, Alles zu glauben, was ihnen beliebt; denn man sieht aus dem Eifer ihrer Entscheidungen, aus der Bitterkeit ihrer Satiren, daß ihnen nur die Herrschaft fehlt, um die Gläubigen ebenso grausam zu verfolgen, als sie selbst von den Fanatikern verfolgt werden. Wo ist der friedfertige und milde Mensch, der es gut findet, daß man nicht denkt wie er? Dieser Mensch wird sich sicherlich nie unter den Orthodoxen finden, und er ist noch zu suchen unter den Philosophen.

Ich wollte also, man hätte in jedem Staate ein moralisches Gesetzbuch oder eine Art bürgerliches Glaubensbekenntniß, welches positiv die socialen Grundsätze enthielte, welche gelten zu lassen Jeder verpflichtet würde, und negativ die intoleranten Grundsätze, die man verwerfen müßte nicht als gottlose, sondern als aufrührerische. Demnach würde jede Religion, die mit dem Gesetzbuch harmonirt, zugelassen; jede andere würde verbannt, und Jedermann müßte es auch freistehen, keine andere zu haben als das Gesetzbuch selbst. Dieses Werk würde, sorgfältig ausgearbeitet, scheint mir, das nützlichste Buch sein, welches je verfaßt worden wäre, und vielleicht das für die Menschen einzig nothwendige. Das wäre ein Gegenstand für Sie, mein Herr; ich wünschte leidenschaftlich, daß Sie dieses Werk unternehmen und mit Ihrer Poesie schmücken möchten, damit es, für Jeden leicht lernbar, allen jugendlichen Herzen die Gefühle der Milde und Humanität einprägte, die in Ihren Schriften glänzen und aller Welt in der Praxis fehlen. Sie haben uns in Ihrem Gedicht über die natürliche Religion den Katechismus des Menschen gegeben; geben Sie uns nun in dem, welches ich Ihnen vorschlage, den Katechismus des Bürgers. Das ist ein Stoff, über den man lange nachzudenken hat, den Sie vielleicht für Ihr letztes Werk bestimmen müssen, um mit einer Wohlthat für das Menschengeschlecht die glänzendste Laufbahn zu beschließen, die jemals ein Mann der Literatur vollendet hat.

Ich kann nicht umhin, mein Herr, bei dieser Gelegenheit einen sehr seltsamen Gegensatz zwischen Ihnen und mir in Bezug auf den Gegenstand dieses Briefes zu bemerken. Gesättigt mit Ruhm, über die eitlen Größen enttäuscht, leben Sie frei im Schooße des Ueberflusses; Ihrer Unsterblichkeit ganz gewiß, philosophiren Sie ruhig über die Natur der Seele, und wenn der Körper oder das Herz leidet, haben Sie Tronchin zum Arzte und zum Freunde; dennoch finden Sie Alles schlecht auf der Erde. Und ich, der obskure, arme und von einem unheilbaren Uebel gequälte Mensch, denke in meiner Einsamkeit mit Vergnügen nach und finde, daß Alles gut ist. Woher kommen diese scheinbaren Widersprüche? Sie haben das selbst erklärt: Sie genießen, aber ich hoffe, und die Hoffnung verschönert Alles.

Ich habe ebenso viele Mühe, von diesem langweiligen Briefe abzukommen, als Sie haben werden, ihn auszulesen. Verzeihen Sie mir, großer Mann, einen vielleicht indiskreten Eifer, der sich aber nicht gegen Sie ergießen würde, wenn ich Sie weniger achtete. Gott verhüte, daß ich denjenigen meiner Zeitgenossen beleidigen möchte, dessen Talente ich am meisten ehre, und dessen Schriften am besten zu meinem Herzen sprechen; aber es handelt sich um die Sache der Vorsehung, von der ich Alles erwarte. Nachdem ich so lange Zeit aus Ihren Lehren Trost und Muth geschöpft, ist es hart für mich, daß Sie mir nun dies Alles entziehen, um mir nur eine unbestimmte und ungewisse Hoffnung anzubieten, mehr ein Palliativ für die Gegenwart, als eine Entschädigung in der Zukunft. Nein, ich habe zu viel gelitten in diesem Leben, um nicht ein anderes zu erwarten. Alle Subtilitäten der Metaphysik werden mich nicht einen Augenblick an der Unsterblichkeit der Seele und an einer wohlthätigen Vorsehung zweifeln machen. Ich fühle sie, ich glaube sie, ich will sie, ich hoffe sie, ich werde sie vertheidigen bis zu meinem letzten Seufzer, und dies wird von allen Streitfragen, die ich je verfochten habe, die einzige sein, bei der mein Interesse nicht vergessen ist.

Ich bin mit Hochachtung, mein Herr, ꝛc.*).

An Frau von Epinay.

In der Einsiedelei, am Donnerstag 1757.

Diderot hat mir einen dritten Brief geschrieben, mit dem er mir meine Papiere zurückschickte**). Meine Antwort war fertig, als ich die Ihrige erhielt. Diese Hetzerei dauert schon zu lang; sie muß ein Ende nehmen; sprechen wir also nicht mehr davon. Aber woher entnehmen Sie, daß ich mich auch über Sie beschweren werde, weil Sie mich auszanken? Ei, Sie thun wahrhaftig wohl daran; ich habe es oft sehr nöthig, wenn ich Unrecht habe, und selbst jetzt, wo Sie mich auszanken, obwohl ich Recht habe, kann ich nicht umhin, Ihnen Dank dafür zu wissen, denn ich kenne Ihre Beweggründe, und Alles, was Sie, um freimüthig und aufrichtig zu sein, mir sagen, hat nur um so mehr den Ton der Achtung und Freundschaft. Aber Sie werden mir niemals zu verstehen geben, daß Sie mir eine Gnade erweisen, indem Sie gut von mir denken; Sie werden nie sagen: „Darüber ließe sich noch gar Manches sagen!" Sie würden mich sehr beleidigen und sich selbst beschimpfen; denn es paßt sich nicht für ehrenhafte Leute, Freunde zu haben, von denen sie schlecht denken. Wie, Madame, nennen Sie das eine Form, eine Aeußerlichkeit?

In meiner Einsamkeit bin ich reizbarer als ein Anderer; in meiner Kränklichkeit habe ich ein Recht auf die Schonung, welche die Humanität der Schwäche und den Launen eines Mannes, der leidet, schuldig ist. Ich bin arm, und es scheint mir, daß dieser Zustand auch Rücksichten verdient. Ich will

---

*) Voltaire antwortete freundlich, aber kurz auf den „sehr schönen" Brief und entschuldigte durch Krankheit, daß er nicht auf die Erörterungen desselben eingehe
**) Häusliche Zwistigkeiten, wobei Diderot Partei gegen Rousseau ergriff, hätten beinahe schon dieses Mal einen Bruch zwischen Beiden herbeigeführt, wie er nicht lange darauf eintrat.

Ihnen meine Erklärung abgeben über das, was ich von der Freundschaft verlange und was man von mir zu erwarten hat. Sprechen Sie sich frei aus über das, was Sie an meinen Maximen tadelnswerth finden, aber erwarten Sie nicht, daß ich leicht davon abgehe, denn sie sind ein Ergebniß meines Charakters, den ich nicht ändern kann.

Erstens will ich, daß meine Freunde meine Freunde sind und nicht meine Herren; daß sie mich berathen, und nicht, daß sie mich regieren. Ich will wohl mein Herz an sie vergeben, aber nicht meine Freiheit.

Sie mögen immer frei und offen zu mir sprechen. Sie können mir Alles sagen; außer der Verachtung erlaube ich Ihnen Alles. Die Verachtung der Gleichgültigen ist mir gleichgültig, aber wenn ich sie von meinen Freunden litte, würde ich derselben würdig sein. Wenn Sie das Unglück haben, mich zu verachten, so mögen Sie mir es nicht sagen; denn wozu dient das? Sie mögen mich verlassen, das ist Ihre Pflicht gegen sich selbst. Davon abgesehen, sind Sie im Recht, wenn Sie mir Vorstellungen machen; habe ich Sie angehört und thue dann meinen Willen, so bin ich in meinem Rechte, und ich will nicht, daß Sie, wenn ich einmal meinen Entschluß gefaßt habe, ihn ohne Aufhören bekritteln und mich mit ewigem und ganz und gar unnützem Geschrei belästigen.

Ihr großer Eifer, mir tausend Dienste zu erweisen, um die ich mich nicht bekümmere, ist mir auch zur Last; ich finde darin ein gewisses Gebahren von Superiorität, welches mir mißfällt. Uebrigens kann alle Welt dergleichen thun. Ich ziehe es vor, daß Sie mich lieben und sich lieben lassen; darauf verstehen sich Freunde allein. Besonders bin ich darüber empört, wenn der Erste Beste sie für mich entschädigt, während ich nur sie allein in der Welt leiden kann. Nur ihre Liebe kann mir ihre Wohlthaten erträglich machen, und wenn ich mich dazu verstehe, welche von ihnen anzunehmen, so will ich, daß sie dabei meinen Geschmack befragen und nicht den ihrigen; denn wir denken über so viele Dinge verschieden, daß oft das, was sie für gut halten, mir schlecht erscheint.

Wenn ein Zwist entsteht, so kann man wohl sagen, daß Derjenige, welcher Unrecht hat, zuerst nachgeben muß; aber das heißt Nichts gesagt, denn jeder glaubt immer Recht zu haben. Unrecht oder Recht, wer den Zwist angefangen hat, dem kommt es zu, ihn zu beenden. Wenn ich einen Tadel übel aufnehme, wenn ich ohne Grund bitter und zur unrechten Zeit zornig werde, so will ich nicht, daß man es mit Gleichem erwiedre. Ich will, daß man mich liebkost, mich küßt; verstehen Sie, Madame? Mit Einem Worte, man fange damit an, mich zu beruhigen, was sich bald bewirken läßt; denn es gibt keine Feuersbrunst in meinem Herzen, die nicht durch eine Thräne ausgelöscht werden könnte. Dann, wenn ich gerührt, beruhigt, beschämt, verwirrt bin, dann lese man mir gehörig den Text und gewiß wird man mit mir zufrieden sein. So soll man als Freund gegen mich handeln, wenn ich Unrecht habe, und ich selbst bin immer bereit, es in demselben Falle so zu machen. Wenn es sich um Kleinigkeiten handelt, so lasse man sie fallen und mache sich nicht einen dummen Ehrenpunkt daraus, immer Recht zu behalten.

Ich kann Ihnen in dieser Beziehung ein kleines Beispiel anführen, von dem Sie nichts ahnten, obgleich es Sie betrifft. Es war bei Gelegenheit des Billets an Sie, worin ich von der Bastille sprach in einem ganz andern Sinn, als Sie es auffaßten. Sie schrieben mir einen Brief, der weit entfernt davon war, unangenehm und beleidigend zu sein (Sie können Ihren Freunden keine derartigen schreiben), aber aus dem ich ersah, daß Sie unzufrieden mit dem meinigen waren. Ich war überzeugt, wie ich es jetzt noch bin, daß Sie darin im Unrecht waren; ich entgegnete Ihnen. Sie hatten gewisse Maximen aufgestellt: man müsse die Menschen ohne Unterschied lieben; man müsse mit den Andern zufrieden sein, um es mit sich selbst zu sein; wir seien für die Gesellschaft gemacht, um wechselseitig unsre Fehler zu ertragen ꝛc. Sie hatten mich gerade auf mein Terrain gebracht. Mein Brief war gut, wenigstens hielt ich ihn dafür, und gewiß würden Sie sich Zeit genommen haben, um darauf zu antworten. Bereit, ihn zuzumachen, las ich ihn noch einmal mit Vergnügen durch; er hatte, zweifeln Sie nicht daran, den Ton der Freundschaft, aber eine gewisse Lebhaftigkeit, deren ich mich nicht erwehren konnte. Ich fühlte, daß Sie mit ihm nicht besser zufrieden sein würden als mit dem ersten, und daß sich zwischen uns eine Wolke von Streit erheben würde, wovon ich die Schuld trüge. Im Augenblick warf ich meinen Brief ins Feuer, entschlossen, es dabei bewenden zu lassen. Ich kann Ihnen gar nicht sagen, mit welcher Befriedigung des Herzens ich meine Beredsamkeit in Flammen aufgehen sah, und Sie wissen, daß ich nicht mehr von der Sache gesprochen habe. Meine liebe und gute Freundin, Pythagoras sagte, man solle nie das Feuer mit dem Schwerte schüren; dieser Spruch scheint mir das wichtigste und heiligste Gesetz der Freundschaft zu enthalten.

Ich mache noch andere Ansprüche auf meine Freunde, und sie vermehren sich, je theurer mir diese sind. Auch werde ich es von Tag zu Tag genauer mit Ihnen nehmen, aber jetzt muß ich diesen Brief beendigen.

Ich sehe beim nochmaligen Durchlesen des Ihrigen, daß Sie mir das Packet von Diderot ankündigen. Beide habe ich aber nicht zusammen bekommen; das Packet traf lange vor dem Brief ein. Wundern Sie sich nicht, wenn mir Paris immer verhaßter wird; es kommt mir von dort Nichts als Verdruß, Ihre Briefe ausgenommen. Ich werde nie hingehen. Wenn Sie mir Vorstellungen darüber machen wollen, so lebhafte, als es Ihnen beliebt, so haben Sie das Recht dazu. Sie werden gut aufgenommen werden und nichts ausrichten. Alsdann werden Sie mir keine mehr machen.

Hinsichtlich des Buchs von Herrn von Holbach mögen Sie thun, was Sie für zweckmäßig halten; aber ich billige es nicht, daß man die Last einer Herausgabe übernimmt, und besonders eine Frau. Das ist eine Art, ein Buch mit Gewalt an den Mann zu bringen und seine Freunde in Kontribution zu setzen; ich mag so was nicht. Guten Tag, meine gute Freundin!

———

An Dieselbe.

So lange Zeit habe ich keine Nachricht von Ihrer Hand erhalten, daß ich über Ihr Befinden sehr unruhig sein würde, wenn ich nicht anders woher erfahren hätte, daß es passabel gewesen. Unter Freunden habe ich nie die Regel geliebt, sich pünktlich zu schreiben, denn die Freundschaft ist eine Feindin der kleinen Förmlichkeiten; allein die Veranlassung zu meinem letzten Briefe verursacht mir einige Unruhe über die Wirkung, die er auf Sie hervorgebracht haben mag, und wenn mich nicht meine Absicht sicher machte, würde ich fürchten, er habe Ihnen in irgend einer Beziehung mißfallen. Seien Sie überzeugt, daß in solchem Falle meine Gefühle schlecht von mir ausgedrückt oder irrig von Ihnen interpretirt worden wären. Da ich von Ihnen geachtet sein will, so habe ich mit demselben nichts Anderes beabsichtigt, als eine Apologie meiner selbst gegenüber meinem Freunde Diderot und den andern Personen, die ehemals diesen Namen geführt haben. Außer der Bezeugung der Anhänglichkeit an Sie ist wahrhaftig Nichts in jenem Briefe, was ich im Geringsten auf Sie hätte beziehen wollen. Was mich ebenso sehr als mein Herz beruhigt, ist das Ihrige, welches nichts weniger als mißtrauisch ist, und ich kann nicht umhin zu glauben, daß Sie mir's gesagt haben würden, wenn Sie unzufrieden mit mir gewesen wären; aber um mich ganz und gar zu beruhigen, bitte ich Sie, mir zu sagen, daß Sie es nicht sind. Guten Tag, meine gute Freundin.

Sie hatten sehr Recht zu wollen, daß ich Diderot sehe; er hat gestern den Tag hier zugebracht. Seit langer Zeit habe ich keinen so köstlichen verlebt. Es gibt keinen Verdruß, der der Gegenwart eines Freundes widerstände.

An Dieselbe.
Sonntag Morgens.

Hier, Madame, sind die Erstlinge Ihrer Einsiedelei, nach der Aussage des Gärtners. Lassen Sie mir, ich bitte Sie inständig, Nachrichten zukommen über Ihre Gesundheit und Ihre Angelegenheiten, bis die Feste vorüber sind, die Wege sich trocknen und mir gestatten, Sie zu besuchen. Ich war Dienstag zum Mittagessen in Eaubonne und bin auf der Rückkehr in einen Regen gerathen und in ein Unwohlsein, welche beide bis jetzt noch nicht aufgehört haben. Guten Morgen, Madame! Lieben Sie mich als Einsiedler, wie Sie mich als Bären liebten; sonst verlasse ich meine Kutte und nehme mein Fell wieder um.

An Herrn von Saint-Lambert.

In der Einsiedelei, den 4. September 1757.

Als ich anfing, Sie zu kennen, wünschte ich Sie zu lieben. Alles, was ich von Ihnen sah, vermehrte dieses Verlangen. In dem Augenblick, wo ich von Allem, was mir theuer war, verlassen wurde, verdankte ich Ihnen eine Freundin, die mich über Alles tröstete und an die ich mich anschloß, je mehr sie zu mir von Ihnen sprach. Sehen Sie, mein lieber Saint-Lambert, ob ich Sie nicht beide liebe, und glauben Sie, daß mein Herz nicht zu denen gehört, welche etwas schuldig bleiben. Warum müssen Sie mich nun beide betrüben? Lassen Sie mich meine Seele rasch von dem Gewichte Ihres Unrechts*) befreien.

Da ich mich über Sie bei ihr beklagt habe, so will ich mich bei Ihnen über sie beklagen. Sie hörte mich an; ich hoffe, daß

---

*) Sophie de Lalive de Bellegarde, geb. 1730, wurde gegen ihre Neigung mit dem Grafen von Houdetot vermählt. Sie war nichts weniger als schön, aber sehr geistreich. Im Jahr 1756 entspann sich ein Verhältniß zwischen ihr und dem Herrn von Saint-Lambert. Zur Zeit, als dieser bei der französischen Armee in Deutschland sich befand, besuchte die Gräfin von Houdetot auf seinen Wunsch seinen Freund Rousseau, welcher gerade an seinem Roman „Die neue Heloïse" arbeitete. Rousseau verliebte sich leidenschaftlich in sie, fand aber keine Erwiederung. Die Sache wurde bald in den höheren Kreisen von Paris bekannt, und um dem Gerede der bösen Zungen ein Ende zu machen, drangen die Freunde Rousseau's in ihn, Frau von Epinay nach Genf zu begleiten. Dieser weigerte sich, und es kam zu einem völligen Bruch. Die Gräfin von Houdetot, die nicht ohne Glück auch als Dichterin auftrat, starb erst 1813, voll Geistesfrische bis an ihr Ende.

Sie es auch thun werden, und vielleicht wird eine von der Achtung und dem Vertrauen diktirte Erklärung unter neuen Freunden die Wirkung der Gewohnheit und der Jahre hervorbringen.

Als sie mich aufsuchte, dachte ich fast nur an Sie. Da ich meinen Hang kenne, mich anzuschließen, und den Verdruß, den er mir verursacht, so habe ich immer neue Verbindungen geflohen, und es sind schon vier Jahre, daß sie mir den Eintritt in ihr Haus anbot, ohne daß ich je den Fuß dahin gesetzt habe. Ich konnte nicht vor ihr fliehen; ich habe sie gesehen, und es wurde eine süße Gewohnheit für mich, sie zu sehen. Ich war einsam und traurig; mein bekümmertes Herz suchte nur Tröstungen; ich fand sie bei ihr. Sie bedurfte derselben auch und fand einen Freund, der Gefühl für ihren Schmerz hatte. Wir sprachen von Ihnen, von dem guten Diderot, von dem undankbaren Grimm und noch von Andern. Die Tage vergingen in diesen vertraulichen Mittheilungen. Ich schloß mich an als Einsamer, als Betrübter; sie empfand auch Freundschaft für mich; wenigstens versprach sie mir welche. Wir machten Pläne für die Zeit, wo wir Drei eine reizende Gesellschaft bilden würden, in der ich von Ihnen, es ist wahr, Achtung für sie und Rücksichten für mich zu erwarten wagte.

Alles ist anders geworden, ausgenommen mein Herz. Seit Ihrer Abreise empfängt sie mich kalt; sie spricht kaum zu mir, selbst von Ihnen; sie findet hundert Vorwände, mich zu vermeiden. Ein Mensch, dessen man sich entledigen will, wird nicht anders behandelt, als ich von ihr, wenigstens so weit ich darüber urtheilen kann, denn ich bin noch von Niemand verabschiedet worden. Ich weiß nicht, was diese Veränderung bedeutet. Wenn ich sie verdient habe, so möge man mir's sagen, und ich halte mich für fortgejagt; wenn es Leichtsinn ist, so möge man mir auch das sagen. Ich ziehe mich heute zurück und werde morgen getröstet sein. Aber nachdem ich den ersten Schritten, die man that, entgegengekommen bin, nachdem ich den Reiz einer Gesellschaft gekostet habe, die mir nothwendig geworden ist, glaube ich ein Recht auf die Freundschaft erworben zu haben, die mir angeboten wurde. Auch glaube ich durch den traurigen Zustand, in den mich meine Zurückgezogenheit gebracht hat, wenigstens einige Rücksichten zu verdienen, und wenn ich von Ihnen Rechenschaft über die Freundin verlange, die Sie mir gegeben haben, glaube ich Sie einzuladen, eine Pflicht der Menschlichkeit zu erfüllen.

Ja, von Ihnen verlange ich Rechenschaft über sie. Kommen nicht von Ihnen alle ihre Gefühle? Wer weiß das besser als ich? Ich weiß es besser als Sie vielleicht, und ich kann ihr vorwerfen, was ich weniger gerecht der seligen Frau von Holbach vorwarf, daß sie mich nur liebe auf Antrieb Desjenigen, den sie liebt. Sagen Sie mir also, woher Ihre Erkaltung kommt. Sollten Sie haben glauben können, daß ich Ihnen bei ihr zu schaden suchte? Ein Artikel in einem Ihrer Briefe, der mich betrifft, hat mich fast auf diesen Verdacht gebracht. Nein, mein Saint-Lambert, die Brust von J. J. Rousseau schloß nie das Herz eines Verräthers ein, und ich würde mich weit mehr verachten, als Sie denken, wenn ich jemals versucht hätte, Ihnen das ihrige zu entziehen.

Glauben Sie nicht, mich durch Ihre Gründe verführt zu haben; ich sehe darin die Redlichkeit Ihrer Seele und nicht Ihre Rechtfertigung. Ich table Ihre Verbindung; Sie können sie selbst nicht billigen, und so sehr Sie mir beide theuer sein werden, werde ich Sie doch nie der sicheren Meinung von Ihrer Schuldlosigkeit sich hingeben lassen. Aber eine Liebe wie die Ihrige verdient auch Rücksichten, und das Gute, das sie bewirkt, macht sie weniger schuldig. Nachdem ich Alles erkannt habe, was sie für Sie fühlt, könnte ich da noch Eins durch das Andre unglücklich machen wollen? Nein, ich fühle Achtung für eine so zärtliche Liebe und kann sie nicht zur Tugend führen auf dem Wege der Verzweiflung. Ein Wort besonders, welches sie mir vor zwei Monaten sagte und das ich Ihnen eines Tages mittheilen werde, hat mich so gerührt, daß ich aus dem Vertrauten ihrer Leidenschaften fast zu ihrem Mitschuldigen geworden bin, und es ist gewiß, daß, wenn Sie jemals eine solche Geliebte verlassen könnten, ich Sie verachten müßte. Ich habe mich enthalten, Ihre Gründe anzugreifen, die ich zu Staub zermalmen könnte; ich habe ihr zärtliches Herz das Vergnügen genießen lassen, sich in ihnen zu gefallen, und ohne mein Gefühl zu verbergen, ließ ich den Schleier auf dem furchtbaren Aegisbilde, von dem ihre Augen und die Ihrigen sich abgewendet haben würden. Weit entfernt! Wenn ich jemals das Glück habe, vor Ihnen beiden die Wahrheit sprechen zu lassen, ohne Ihnen zu mißfallen, so will ich nur dem unfehlbaren Ziele der Liebe zuvorkommen, indem ich Sie durch ein dauerndes Band vereinige, welches der Zerstörung durch die Zeit spottet und Ihnen beiden im Angesicht der Menschen zur Ehre gereicht und Ihnen noch im letzten Augenblick des Lebens süß sein wird. Aber seien Sie überzeugt, daß ich diese Worte nie bloß zu einem von Beiden sprechen werde.

Sollte ein Uebermaß von Zartgefühl Sie auch verleitet haben zu glauben, daß die Freundschaft die Liebe benachtheiligt, und daß die Gefühle, welche ich erhalten würde, denen schadeten, welche Ihnen gehören? Aber sagen Sie mir, wer versteht zu lieben, wenn nicht ein zart empfindendes Herz? Sind solche Herzen nicht für jede Art von Zuneigung empfänglich? Und kann in ihnen ein einziges Gefühl entstehen, welches nicht dasjenige verstärkte, von dem sie beherrscht werden? Wo ist der Liebende, der nicht zärtlicher würde, wenn er von Der, die er liebt, mit seinem Freunde spricht? Wo ist das Herz, welches mit seinem überströmenden Gefühl in der Abwesenheit des Geliebten nicht eines andern Herzens bedürfte, um sich zu ergießen? Ich war einmal jung, und ich kannte die liebendste Seele, die existirt hat. Alle möglichen Zuneigungen waren in dieser zärtlichen Seele vereinigt; jedes dieser Gefühle war nur um so entzückender durch die Mitwirkung aller andern, und das mächtige Gefühl erhöhte den Werth aller andern. Wie, ist es Ihnen nicht angenehm, daß ein empfindendes Wesen da ist, mit dem Ihre Freundin gerne von Ihnen, dem Entfernten, spricht, und dem es wohlgefällt, ihr zuzuhören?

Ich bin überzeugt, Ihr Herz ist gemacht, mich zu verstehen und dem meinigen zu antworten. Befragen Sie es; es wird

von Ihnen die Freundin für mich zurückverlangen, die ich durch
Sie bekam, die mir nothwendig geworden ist, und die zu verlieren ich nicht verdient habe. Wenn die Aenderung Ihres
Benehmens von ihr kommt, so sagen Sie ihr, was sich geziemt;
wenn sie von Ihnen kommt, so sagen Sie sich's selbst. Wissen
Sie wenigstens, daß Sie beide, wie Sie sich auch gegen mich
verhalten werden, meine letzte Freundschaft sein werden. Meine
Leiden umfangen mich und entfernen mich jeden Tag mehr von
der Gesellschaft. Die Ihrige war die einzige nach meinem
Wunsche, die für mich paßte. Wenn Sie beide sich von mir zu
entfernen suchen, so werde ich meine Seele wieder in sie selbst
versenken; ich werde allein und verlassen sterben in meiner Einsamkeit, und Sie werden nie ohne Reue an mich denken. Wenn
Sie sich wieder nähern, so werden Sie ein Herz finden, welches
Denen, die ihm zusagen, stets mehr als den halben Weg entgegenkommt.

An Frau von Epinay.

Ich erfahre, Madame, daß Ihre Abreise verschoben und
Ihr Sohn krank ist. Ich bitte Sie, mir Nachricht von ihm und
von Ihnen zukommen zu lassen. Ich möchte gerne, daß Ihre
Reise aufgegeben würde, aber in Folge der Wiederherstellung
Ihrer Gesundheit und nicht in Folge seiner Erkrankung.

Frau von Houdetot sprach Dienstag viel über diese Reise
mit mir und ermahnte mich, Sie zu begleiten, fast ebenso lebhaft, als es Diderot gethan hatte. Dieser Eifer, mich zur Abreise zu veranlassen, ohne Rücksicht auf meinen Zustand, erregte
den Verdacht in mir, daß man eine Art Geheimbund geschlossen,
der von Ihnen in Bewegung gesetzt würde. Ich besitze weder
die Kunst, noch die Geduld, den wahren Sachverhalt zu
erforschen; aber ich habe ein ziemlich sicheres Gefühl und bin
ganz überzeugt, daß das Billet von Diderot nicht von ihm
kommt. Ich stelle nicht in Abrede, daß dieser Wunsch, mich
bei Ihnen zu haben, verbindlich und ehrend für mich ist; aber
abgesehen davon, daß Sie mir diesen Wunsch mit so wenig

Wärme angezeigt haben, und daß Ihre Reiseanordnungen bereits festgestellt waren, kann ich nicht leiden, daß eine Freundin die Autorität eines Dritten anwendet, um das zu erlangen, was Niemand leichter als sie selbst erlangt haben würde. Ich finde in dem Allen ein herrschsüchtiges und intrikenhaftes Wesen, das mich in schlechte Laune versetzt hat, und ich habe sie vielleicht zu sehr kund gegeben, aber nur Ihrem und meinem Freunde gegenüber. Ich habe mein Versprechen nicht vergessen, aber man ist nicht Herr seiner Gedanken, und Alles, was ich thun kann, ist, Ihnen den meinigen bei dieser Gelegenheit zu sagen, um Aufklärung zu bekommen, wenn ich Unrecht habe. Seien Sie überzeugt, daß, wenn Sie anstatt dieser Umwege im Tone der Freundschaft mit mir gesprochen und mir gesagt hätten, daß Sie es sehr wünschten und daß ich Ihnen von Nutzen sein würde, so hätte ich jede andere Erwägung nicht beachtet und wäre abgereist.

Ich weiß nicht, wie alles Dies enden wird; aber was auch geschehen mag, seien Sie überzeugt, daß ich nie Ihre Güte für mich vergessen werde, und wenn Sie mich nicht mehr zu Ihrem Sklaven haben wollen, so werden Sie mich immer zum Freunde haben.

An Frau von Houdetot.

8. November 1757.

Ich habe soeben von Grimm einen Brief erhalten, der mich zittern machte und den ich ihm sofort zurückgeschickt habe, aus Furcht vor dem nochmaligen Lesen. Madame, Alle, welche ich liebte, hassen mich, und Sie kennen mein Herz; damit sage ich Ihnen genug. Alles, was ich von Frau von Epinay erfahren habe, ist nur zu wahr, und ich weiß noch mehr. Ich finde von allen Seiten nur Grund zur Verzweiflung. Es bleibt mir nur eine einzige Hoffnung; sie kann mich über Alles trösten und mir den Muth wiedergeben. Eilen Sie, dieselbe zu befestigen oder zu zerstören! Habe ich noch eine Freundin und einen Freund? Ein Wort, ein einziges Wort, und ich kann leben.

Ich will die Einsiedelei verlassen. Meine Absicht ist, ein entferntes und unbekanntes Asyl aufzusuchen; aber der Winter will verbracht sein, und Ihr Verbot hindert mich, ihn in Paris zu verbringen. Ich will mich daher in Montmorency einrichten, wie es geht, und den Frühling erwarten. Meine verehrungswürdige Freundin, ich werde Sie nie wiedersehen; ich fühle es an der Traurigkeit, die mir das Herz zusammenpreßt; aber ich werde mich mit Ihnen an meinem Zufluchtsorte beschäftigen. Ich werde denken, daß ich zwei Freunde in der Welt habe, und vergessen, daß ich allein bin.

An Dieselbe.
November 1757.

Das ist der vierte Brief, den ich Ihnen schreibe, ohne Antwort von Ihnen zu haben. Ach, wenn Sie fortfahren zu schweigen, werde ich Sie nur zu sehr verstanden haben! Denken Sie an den Zustand, in dem ich mich befinde, und befragen Sie Ihr Herz. Ich kann es ertragen, von aller Welt verlassen zu sein. Aber von Ihnen!.... Und Sie kennen mich so gut! Großer Gott! Bin ich ein Schurke? Ich ein Schurke! ich erfahre es sehr spät. Es ist Herr Grimm, es ist mein ehemaliger Freund, es ist Derjenige, welcher mir alle die Freunde verdankt, die er mir raubt, der diese schöne Entdeckung gemacht hat und der sie veröffentlicht. Ach! er ist der brave Mann, und ich der Undankbare. Er genießt die Ehren der Tugend dafür, daß er seinen Freund ins Verderben gestürzt hat, und ich liege in der Schmach, weil ich einem perfiden Weibe nicht schmeicheln konnte und mich nicht knechten lassen wollte von Derjenigen, die zu hassen ich gezwungen war. O, wenn ich ein schlechter Mensch bin, wie erbärmlich ist dann die ganze Menschheit! Grausame! Mußten Sie den Verführungen der Falschheit nachgeben und Demjenigen ein schmerzenvolles Ende bereiten, der nur lebte, um zu lieben?

Adieu. Ich werde nicht mehr mit Ihnen von mir sprechen. Aber wenn ich Sie nicht vergessen kann, so werden auch Sie es vergebens versuchen, das Herz zu vergessen, das Sie verachten, und nie werden Sie ein gleiches finden*).

An Herrn Vernes in Genf.
Montmorency, den 18. Februar 1758.

Ja, mein werther Mitbürger, ich liebe Sie immer, und wie mir scheint, mehr als je; aber ich werde von meinen Leiden niedergedrückt und habe große Mühe, in meiner Zurückgezogenheit von einer wenig einbringenden Arbeit zu leben. Ich habe nur so viel Zeit, als nöthig ist, mein Brod zu verdienen, und wenn mir ja einige Augenblicke übrig bleiben, so werden sie dazu verwendet, zu leiden und auszuruhen. Meine Krankheit hat diesen Winter solche Fortschritte gemacht, ich habe so viele Schmerzen jeder Art empfunden und fühle mich so geschwächt, daß ich anfange zu fürchten, Kraft und Mittel möchten mir fehlen zur Ausführung meines Vorhabens. Ich tröste mich über diese Unmöglichkeit durch die Betrachtung des Zustandes, in dem ich mich befinde. Wozu würde es mir dienen, wenn ich mich zu Euch begäbe, um zu sterben? Ach, ich hätte dort leben sollen! Was kommt darauf an, wo man seinen Leichnam läßt? Es würde nicht nöthig sein, mein Herz in mein Vaterland zurückzubringen, denn es hat dasselbe nie verlassen.

Ich habe keine Gelegenheit gehabt, Ihren Auftrag bei Herrn D'Alembert auszuführen. Wir haben einander nie viel gesehen und schreiben uns nicht, und ganz auf meine Einsamkeit beschränkt, habe ich keinerlei Beziehungen mit Paris unterhalten. Es ist, als lebte ich am andern Ende der Erde, und ich weiß von dem, was in Paris vorgeht, nicht mehr als von Peking. — Ich habe mein Leben unter den Ungläubigen zugebracht, ohne mich erschüttern zu lassen; ich liebte und achtete sie sehr, ohne ihre Lehren leiden zu können. Ich habe ihnen immer gesagt, daß ich sie nicht zu bekämpfen verstände, aber auch, daß ich ihnen nicht glauben wollte. Die Philosophie bietet in diesen Fragen weder Grund noch Ufer;

---

*) Auch auf diesen Brief erhielt Rousseau keine Antwort.

in Ermangelung von ursprünglichen Ideen und ersten Principien ist sie nur ein Meer von Ungewißheiten und Zweifeln, aus denen der Metaphysiker sich nie herausziehen kann. Ich habe die Vernunft sein lassen und habe die Natur befragt, d. h. das innere Gefühl, welches meinen Glauben leitet, unabhängig von meiner Vernunft. Ich habe die Philosophen bei ihrer nothwendigen Bewegung und ihren Kombinationen gelassen, und während sie die Welt aus dem Fallen der Würfel konstruirten, sah ich in derselben jene Einheit des Planes, die mich ihnen zum Trotz ein einziges höchstes Princip wahrnehmen ließ. Wenn sie mir gesagt hätten, die Ilias sei durch einen zufälligen Wurf von Buchstaben entstanden, so würde ich ihnen sehr entschlossen erwiedert haben: Es kann sein, aber es ist nicht wahr, und ich habe keinen andern Grund, Nichts der Art zu glauben, als den, es eben nicht zu glauben. Vorurtheil! sagen sie. Mag sein; aber was vermag diese so schwankende Vernunft gegen ein Vorurtheil, das überzeugender ist als sie? Sie argumentiren ferner ohne Ende gegen die Unterscheidung der zwei Substanzen; ich aber bin überzeugt, daß ein Baum und mein Gedanke nichts mit einander gemein haben, und was mir spaßhaft dabei vorkommt, ist der Umstand, daß sie sich so sehr in ihre eigenen Trugschlüsse verrennen, daß sie lieber den Steinen Gefühl zuschreiben, als dem Menschen eine Seele.

Mein Freund, ich glaube an Gott, und Gott würde nicht gerecht sein, wenn meine Seele nicht unsterblich wäre. Das scheint mir das Wesentliche und Nützliche in der Religion zu sein; überlassen wir das Uebrige den Disputatoren. Was die Ewigkeit der Strafen betrifft, so paßt sie weder zu der Schwäche des Menschen, noch zu der Gerechtigkeit Gottes. Es ist wahr, es gibt so schwarze Seelen, daß ich nicht begreifen kann, wie sie je der ewigen Seligkeit theilhaft werden könnten; denn das süßeste Gefühl in dieser muß, wie mir scheint, die Zufriedenheit mit sich selbst sein. Wie dem sein möge, was geht es mich an, was aus den Schlechten werden wird? Es genügt mir, daß, wenn das Ende meines Lebens naht, ich darin nicht das Ende meiner Hoffnungen erblicke und ein glücklicheres Sein erwarte, nachdem ich so sehr in diesem gelitten habe. Wenn ich mich auch in dieser Hoffnung täuschen sollte, so ist sie selbst doch ein Gut, welches mich alle meine Leiden hat ertragen lassen. Ich erwarte ruhig die Aufklärung über die großen Wahrheiten, die mir noch verborgen sind; jedenfalls aber bin ich fest überzeugt, daß, wenn auch die Tugend den Menschen nicht immer glücklich macht, er doch wenigstens nicht glücklich sein kann ohne sie; daß die Kümmernisse des Gerechten nicht ohne eine Entschädigung sind, und daß selbst die Thränen der Unschuld dem Herzen süßer sind als das Glück des Schlechten. — —

Adieu, mein lieber Mitbürger! Ich schreibe Ihnen mit einer solchen Herzensergießung, als wenn ich mich für immer von Ihnen trennte, weil ich mich in einem Zustand befinde, der sich zwar noch lange hinschleppen kann, aber mich doch zweifeln läßt, ob jeder Brief, den ich schreibe, nicht der letzte sein wird.

An einen jungen Mann*).

Sie wissen nicht, mein Herr, daß Sie an einen armen, mit Leiden überhäuften Mann schreiben, der überdies sehr beschäftigt und kaum im Stande ist, Ihnen zu antworten, und noch weniger, mit Ihnen in Gesellschaft zu leben, wie Sie ihm vorschlagen. Sie ehren mich durch den Gedanken, daß ich Ihnen nützlich sein könnte, und der Beweggrund, der Ihren Wunsch veranlaßte, ist lobenswerth; aber gerade in Bezug auf diesen Beweggrund sehe ich gar keine Nothwendigkeit, daß Sie nach Montmorency ziehen. Sie brauchen die Grundsätze der Moral nicht so weit zu suchen; kehren Sie in Ihrem Herzen ein, und Sie werden dieselben finden. Ich könnte Ihnen darüber nichts sagen, was Ihr Gewissen Ihnen nicht noch besser sagen wird, wenn Sie es befragen wollen. Die Tugend, mein Herr, ist keine Wissenschaft, für deren Erlernung ein großer Apparat erfordert würde. Um tugendhaft zu sein, genügt es, es sein

---

*) Dieser hatte um die Erlaubniß gebeten, zu Rousseau nach Montmorency ziehen zu dürfen, um von ihm unterrichtet zu werden.

zu wollen, und wenn Sie wirklich diesen Willen haben, so ist Alles abgemacht, Ihr Glück ist entschieden. Wenn es mir zukäme, Ihnen Rath zu ertheilen, so würde ich Ihnen vor Allem den geben: Folgen Sie nicht Ihrem Hange zum beschaulichen Leben, der in jedem Alter und besonders in Ihrem nur eine verdammenswerthe Faulheit der Seele ist. Der Mensch ist nicht zur Beschaulichkeit bestimmt, sondern zur That. Das arbeitsame Leben, welches uns Gott auferlegt, hat nur Angenehmes für das Herz des rechtschaffenen Menschen, der sich ihm widmet, um seine Pflicht zu erfüllen, und die Kraft der Jugend ist Ihnen nicht gegeben worden, um sie mit müßigen Betrachtungen zu verlieren. Arbeiten Sie also, mein Herr, in dem Stande, in welchen Ihre Eltern und die Vorsehung Sie gebracht haben; das ist die erste Vorschrift der Tugend, der Sie folgen wollen, und wenn der Aufenthalt in Paris, verbunden mit dem Amte, welches Sie haben, Ihnen zu schwer vereinbar mit der Tugend erscheint, so thun Sie noch etwas Besseres, mein Herr: kehren Sie in Ihre Provinz zurück, leben Sie im Schooße Ihrer Familie, pflegen Sie Ihre tugendhaften Eltern; dann werden Sie wahrhaft die Pflichten erfüllen, die Ihnen die Tugend auferlegt. Es ist leichter, ein hartes Leben in der Provinz zu ertragen, als sein Glück in Paris zu machen, zumal wenn man wie Sie weiß, daß es da trotz der unwürdigsten Künste mehr bettelhafte Spitzbuben als glückliche Emporkömmlinge gibt. Sie dürfen sich nicht für unglücklich halten, wenn Sie leben, wie Ihr Herr Vater gelebt hat, und es gibt kein Loos, welches nicht durch Thätigkeit, Unschuld und Zufriedenheit mit sich selbst erträglich gemacht würde, wenn man sich ihm unterwirft in der Absicht, seine Pflicht zu erfüllen. Dies, mein Herr, sind die Rathschläge, die alle aufwiegen, die Sie in Montmorency hören könnten. Vielleicht sind sie nicht nach Ihrem Geschmack, und ich fürchte, Sie fassen nicht den Entschluß, sie zu befolgen; aber ich bin überzeugt, daß Sie es eines Tags bereuen werden. Ich wünsche Ihnen ein Loos, welches Sie nie zwingt, sich daran zu erinnern.

An Diderot.

2. März 1758.

Mein lieber Diderot! Ich muß Ihnen noch einmal in meinem Leben schreiben; Sie haben mich nur zu sehr davon dispensirt, aber das größte Verbrechen dieses Menschen, den Sie auf eine so absonderliche Weise anschwärzen, besteht darin, sich nicht von Ihnen losmachen zu können.

Meine Absicht ist nicht, in diesem Augenblick in Erklärungen einzugehen über die schauderhaften Dinge, die Sie mir schuld geben. Ich sehe, daß diese Erklärungen für jetzt nutzlos sein würden; denn obgleich Sie von Natur gutmüthig und offenherzig sind, haben Sie doch eine unglückliche Neigung, die Reden und Handlungen Ihrer Freunde falsch zu deuten. Gegen mich eingenommen, wie Sie es sind, würden Sie Alles, was ich zu meiner Rechtfertigung sagen könnte, ins Schlimme wenden, und meine aufrichtigsten Erklärungen würden Ihrem subtilen Geiste nur neue Deutungen zu meinen Ungunsten liefern. Nein, Diderot, ich fühle, daß ich nicht damit beginnen darf. Ich will zuerst Ihrem gesunden Verstande einfachere Vorurtheile vorlegen, die besser begründet sind als die Ihrigen, und in denen Sie, wie ich denke, wenigstens keine neuen Verbrechen finden werden.

Ich bin ein schlechter Mensch, nicht wahr? Sie haben die sichersten Zeugnisse dafür; man hat es gehörig attestirt. Als Sie anfingen, es zu erfahren, waren schon sechzehn Jahre verflossen, in denen ich für Sie ein guter Mensch war, und vierzig Jahre, daß ich es für alle Welt war. Können Sie ein Gleiches von Denen sagen, die Ihnen jene schöne Entdeckung mitgetheilt haben? Wenn man fälschlich so lange Zeit die Maske eines rechtschaffenen Mannes tragen kann, welchen Beweis haben Sie dafür, daß diese Maske nicht ihr Gesicht so gut bedeckt wie das meinige? Ist es ein wohl geeignetes Mittel, ihrer Autorität Gewicht zu geben, wenn sie einen Abwesenden, der nicht im Stande ist, sich zu vertheidigen, heimlich anklagen? Aber nicht darum handelt es sich.

Ich bin schlecht, aber warum bin ich es? Beachten Sie das

wohl, mein lieber Diderot; es verdient Ihre Aufmerksamkeit. Man ist kein Uebelthäter für Nichts und wieder Nichts. — —

Ich, der ich nur die Einsamkeit und den Frieden suche, ich, dessen höchstes Gut im Müßiggang besteht, ich, dem Indolenz und Leiden kaum die Zeit lassen, für meine Subsistenz zu sorgen, zu welchem Zwecke sollte ich mich in die Agitationen des Verbrechens stürzen und die Kreuz- und Querfahrten der Bösewichter durchmachen? Was Sie auch sagen mögen, man flieht die Menschen nicht, wenn man ihnen zu schaden sucht; der Schlechte kann seine Streiche in der Einsamkeit aussinnen, aber in der Gesellschaft führt er sie aus. Ein Schurke hat Gewandtheit und Kaltblütigkeit; ein perfider Mensch beherrscht sich selbst und läßt sich nicht hinreißen. Finden Sie in mir etwas von alle dem? Ich lasse mich von Zorn hinreißen und handle oft ohne alle Ueberlegung. Sind das die Fehler des Schlechten? Nein, ohne Zweifel; aber der Schlechte benutzt sie, um Den zu verderben, der sie hat.

Ich wollte, daß Sie auch ein wenig über sich selbst nachdenken könnten. Sie verlassen sich auf Ihre natürliche Güte, aber wissen Sie, wie sehr das Beispiel und der Irrthum sie verkehren können? Haben Sie nie gefürchtet, von geschickten Schmeichlern umgeben zu sein, die es nur darum vermeiden, plump ins Angesicht zu loben, um sich mit mehr Geschick durch die Lockungen einer erheuchelten Aufrichtigkeit Ihrer zu bemächtigen? Welch ein Loos für den besten der Menschen, gerade durch seine Wahrheitsliebe irregeführt zu werden und unschuldiger Weise ein Werkzeug der Perfidie in den Händen der Schlechten zu sein! Ich weiß, daß die Eigenliebe sich gegen diese Idee empört, aber sie verdient die Prüfung der Vernunft.

Das sind Betrachtungen, die ich wohl zu erwägen bitte; denken Sie lange darüber nach, bevor Sie mir antworten. Wenn Sie keinen Eindruck auf Sie machen, so haben wir einander nichts mehr zu sagen; aber wenn sie es thun, dann werden wir zur Aufklärung kommen, und Sie werden in mir einen Ihrer würdigen Freund wieder finden, der Ihnen vielleicht nicht ohne

Nutzen gewesen sein wird. Ich habe, um Sie zu dieser Prüfung zu ermahnen, ein Motiv von großem Gewicht, und dieses Motiv ist folgendes.

Sie können verleitet und getäuscht worden sein. Unterdessen seufzt Ihr Freund in der Einsamkeit, von Allem vergessen, was ihm theuer war. Er kann darin der Verzweiflung anheim fallen, darin sterben, indem er den Undankbaren verwünscht, dessen Unglück ihn so viel Thränen vergießen ließ*), und der ihn in dem seinigen unwürdiger Weise niederdrückt. Es kann sein, daß Sie endlich Beweise seiner Unschuld erhalten und gezwungen sind, sein Andenken zu ehren, und daß das Bild Ihres sterbenden Freundes Ihnen keine ruhigen Nächte läßt. Diderot, denken Sie darüber nach! Ich werde Ihnen nichts mehr darüber sagen**).

An Herrn Vernes.

Montmorency, den 25. März 1758.

Ja, mein lieber Vernes, ich glaube gern, daß wir beide einander recht lieben und es verdienen. Das verschafft mir mehr Linderung in meinen Leiden, als alle Schätze der Welt. Ach, mein Freund! mein Mitbürger! wisse mich zu lieben und lasse Deine unnützen Anbietungen. Hast Du mich nicht bereichert, indem Du mir Dein Herz gabst? Was nützt alles Andere gegen die Uebel des Körpers und die Sorgen der Seele? Wonach ich dürstete, das war ein Freund; ich kenne kein anderes Bedürfniß, welchem ich nicht selbst genügen könnte. Die Armuth

---

*) Dies bezieht sich auf die Gefängnißhaft Diderots im Donjon von Vincennes, wo ihn Rousseau öfter besuchte.

**) Diderot antwortete auf diesen Brief nicht, sprach sich aber über seinen Bruch mit Rousseau nach dessen Tod öffentlich aus in den Anmerkungen zu seinem „Leben Seneca's". Dieser Bruch erregte übrigens das größte Aufsehen in den gebildeten Kreisen von Paris und war eine Zeitlang der einzige Gegenstand der Unterhaltung. Champfort erzählt, daß Herr von Castries sein Erstaunen darüber ausgedrückt habe mit den Worten: „Mein Gott! wohin ich gehe, überall hört man nur von diesem Rousseau und diesem Diderot sprechen. Begreift man das? Leute, die nichts sind, die kein Haus haben, die im dritten Stock logiren! Wahrlich, man kann nicht klug daraus werden!"

hat mir niemals weh gethan; es sei gesagt, um Sie ein für alle Mal darüber zu beruhigen.

Wir sind über so viele Dinge einig, daß es nicht der Mühe werth ist, über den Rest zu streiten. Ich habe es Ihnen oft gesagt, kein Mensch in der Welt achtet das Evangelium mehr als ich; es ist nach meiner Ueberzeugung das erhabenste aller Bücher. Wenn alle andern mich langweilen, greife ich immer wieder zu diesem mit neuem Wohlgefallen, und wenn alle menschlichen Tröstungen versagten, habe ich nie vergebens zu den seinigen meine Zuflucht genommen. Doch dieses Buch ist drei Viertheilen der Welt unbekannt; soll ich glauben, daß ein Afrikaner dem gemeinsamen Vater weniger lieb sei als Sie und ich? Und warum soll ich glauben, daß er ihm die Mittel entzogen, habe, ihn zu erkennen? Nein, mein würdiger Freund, nicht auf einigen zerstreuten Blättern muß man das Gesetz Gottes suchen, sondern in dem Herzen der Menschen, wo seine Hand es niederzuschreiben geruhte. —

Uebrigens, mein lieber Mitbürger, habe ich mein Herz vor Ihnen ausschütten und nicht einen Streit mit Ihnen anfangen wollen. Lassen wir es also dabei bewenden, wenn es Ihnen recht ist, um so mehr, da diese Gegenstände sich eben nicht sehr bequem in Briefen behandeln lassen.

Adieu, mein Freund *)!

An Herrn Romilly.

Man kann die Väter nicht lieben, ohne die Kinder zu lieben, die ihnen theuer sind. Sie, mein Herr, liebte ich, ohne Sie zu kennen, und glauben Sie nur, daß Dasjenige, was ich von Ihnen erhielt, nicht geeignet ist, diese Zuneigung zu vermindern. Ich habe Ihre Ode gelesen; ich habe Kraft, edle Bilder und hie und da glückliche Verse darin gefunden; aber Ihre Poesie

---

*) Der Wechsel von Du und Sie findet sich im Original. Mit Bernes zerfiel übrigens Rousseau auch, und in seiner Hypochondrie sprach er dann in der härtesten Weise über ihn.

erscheint noch etwas gezwungen, sie riecht nach der Lampe und hat noch die Korrektheit nicht erlangt. Ihre Reime sind wohl manchmal reich, aber selten elegant, und das rechte Wort kommt Ihnen nicht immer. Mein lieber Romilly, wenn ich die Komplimente mit Wahrheiten bezahle, so erstatte ich besser wieder, was man mir gibt.

Ich glaube, Sie haben Talent, und ich zweifle nicht daran, daß Sie Ehre erlangen werden in der Laufbahn, welche Sie betreten. Dennoch wäre es mir um Ihres Glückes willen lieber, Sie hätten das Geschäft Ihres würdigen Vaters ergriffen. Eine mäßige Arbeit, ein gleichförmiges und einfaches Leben, der Frieden der Seele und die Gesundheit des Körpers, welche die Frucht von alle diesem sind, vermögen eher ein glückliches Dasein zu schaffen als das Wissen und der Ruhm. Wenn Sie aber die Schriftstellertalente kultiviren wollen, so nehmen Sie wenigstens nicht ihre Vorurtheile an; halten Sie Ihren Stand nicht für mehr, als er werth ist, und Sie werden um so mehr werth sein. Ich will Ihnen sagen, daß mir der Schluß Ihres Briefes nicht gefällt. Sie scheinen mir über die Reichen zu streng zu urtheilen; Sie bedenken nicht, daß, da sie von Kindheit an tausend Bedürfnisse angenommen haben, die wir nicht kennen, sie unglücklicher gemacht werden würden als die Armen, wollte man sie in die Lage von diesen bringen. Man muß gerecht sein gegen Jedermann, selbst gegen Diejenigen, die es nicht gegen uns sind. Ei, mein Herr, wenn wir die Tugenden besäßen, die den Lastern, die wir ihnen vorwerfen, entgegengesetzt sind, so würden wir nicht daran denken, daß sie in der Welt sind, und bald würden sie unserer mehr bedürfen als wir ihrer. Noch ein Wort, und ich schließe. Um das Recht zu haben, die Reichen zu verachten, muß man selbst sparsam und klug sein, damit man niemals Reichthum nöthig hat.

Adieu, mein lieber Romilly; ich umarme Sie von ganzem Herzen.

An Frau von Houdetot.

Den 13. Juli 1758.

Ich beginne eine Korrespondenz, die vielleicht ohne Beispiel ist und nicht sehr nachgeahmt werden wird; aber da Ihr Herz dem meinigen nichts mehr zu sagen hat, so ziehe ich es vor, die Kosten eines Verkehrs allein zu tragen, der nur lästig für Sie sein würde und in welchem Sie nur Worte bieten könnten. Es ist eine verächtliche Falschheit, an die Stelle der Gefühle Ceremonien zu setzen. Wer den Muth hat, sich immer so zu zeigen, wie er ist, wird eher oder später das werden, was er sein soll; aber es ist nichts mehr von Denen zu hoffen, die sich einen Paradecharakter machen. Wenn ich Ihnen verzeihe, daß Sie keine Freundschaft mehr für mich haben, so geschieht es, weil Sie mir keine mehr zeigen. Sie sind mir so hundertmal lieber als in jenen kalten Briefen, welche verbindlich sein wollten und gegen Ihren Willen zeigten, daß Sie beim Schreiben an etwas Anderes dachten. Aufrichtigkeit, Sophie! Sie allein erhebt die Seele und wahrt durch die Selbstachtung das Recht auf die Achtung des Andern.

Meine Absicht ist nicht, Sie durch häufige und lange Briefe zu langweilen. Bei meiner Zurückhaltung hoffe ich nicht einmal, daß Sie alle die lesen, welche ich schreiben werde; aber wenigstens werde ich das Vergnügen haben, sie zu schreiben, und vielleicht ist es gut für Sie und für mich, daß Sie die Gefälligkeit haben, sie in Empfang zu nehmen. Ich glaube, daß Sie von Natur gut sind, und diese Meinung ist es, welche mich noch an Sie fesselt; aber ein glanzvolles Dasein ohne alles Mißgeschick hat Ihre Seele verhärten müssen. Sie haben zu wenig Leiden gekannt, um die der Andern sehr zu empfinden. So ist das süße Gefühl des Mitleids Ihnen noch unbekannt. Da Sie fremde Leiden noch nicht haben theilen können, werden Sie weniger im Stande sein, eigene zu ertragen, wenn je solche kommen, und es ist immer zu fürchten, daß welche kommen, denn Sie wissen wohl, daß man nicht immer davor geschützt ist:

Non fidarti della sorte,
Ancor a me già fù grata,
E tu ancor abandonata
Sospirar potresti un dì. *)

Möge der Himmel meine Vorsicht täuschen! Aber wenn jemals Ihr bekümmertes Herz nach Hülfe verlangt, die es nicht in sich selbst finden wird, wenn vielleicht eines Tags eine andere Denkweise Ihnen die verleidet, welche Sie nicht glücklich machen konnte, so kommen Sie zu mir zurück, wenn ich noch lebe, und Sie werden erfahren, was für einen Freund Sie verachtet haben. Wenn ich nicht mehr lebe, so lesen Sie meine Briefe wieder durch. Vielleicht wird die Erinnerung an meine Anhänglichkeit Ihre Leiden mildern; vielleicht werden Sie in meinen Grundsätzen Tröstungen finden, an die Sie heute nicht denken.

An Herrn Deleyre.

Montmorency, den 5. Oktober 1758.

— — Ich habe den Schlag, den Sie erhalten haben, um so mehr gefühlt, je mehr ich mit Ihrer neuen Laufbahn zufrieden war, mehr als mit der, in welche Sie jetzt einzutreten im Begriff sind. Ich halte Sie für rechtschaffen genug, um in Geschäftsangelegenheiten immer als Ehrenmann zu handeln, aber nicht für tugendhaft genug, um das öffentliche Wohl stets Ihrem Ruhme vorzuziehen und den Menschen immer nur das zu sagen, was zu wissen ihnen heilsam ist. Es machte mir Vergnügen, mir im Voraus die Fälle vorzustellen, wo Sie die Spitzbuben zurückschleudern würden, während ich jetzt vor der Aussicht zittere, Sie möchten durch Ihre Schriften die Herzenseinfalt betrüben. Lieber Deleyre, hüten Sie sich vor Ihrem satirischen Geiste; vor Allem lernen Sie die Religion achten; die Menschlichkeit schon fordert diese Achtung. Die Großen, die Reichen, die Glücklichen dieser Zeit würden entzückt sein, wenn es keinen

---

*) Traue dem Schicksal nicht; auch mir war es schon hold, und auch Du kannst eines Tags verlassen seufzen.

Gott gäbe; aber die Erwartung eines andern Lebens tröstet das Volk und die Unglücklichen über dieses hier. Welche Grausamkeit, ihnen noch diese Hoffnung zu rauben. —

Es ist wahr, ich habe Ihnen nichts von meiner Schrift über die Schauspiele gesagt, denn, wie ich Sie mehr als einmal merken ließ, traute ich Ihnen nicht recht. Diese Schrift ist weit entfernt von der angeblichen Bitterkeit, von der Sie sprechen; sie ist ohne alle Kühnheit und schwach; die Schlechten sind darin nicht mitgenommen, und Sie werden mich in derselben nicht wiedererkennen. Doch liebe ich sie mehr als alle andern, weil sie mir das Leben gerettet hat und mir als Zerstreuung diente in so schmerzlichen Augenblicken, daß ich ohne sie vor Verzweiflung gestorben wäre. Es hat nicht von mir abgehangen, sie besser zu machen; ich habe meine Pflicht gethan, das ist genug für mich. Ueberdies gebe ich das Werk Ihrer gerechten Kritik preis. Ehren Sie die Wahrheit; mit allem Uebrigen mögen Sie machen, was Sie wollen. Es ist wahr, Herr Helvetius hat ein gefährliches Buch veröffentlicht und in erniedrigender Weise Widerruf gethan. Aber er hat seine Stelle als Generalpächter aufgegeben, er hat einem braven Mädchen eine sorgenfreie Existenz verschafft, bestrebt sich, sie glücklich zu machen; er hat bei mehr als einer Gelegenheit die Unglücklichen unterstützt; seine Handlungen sind mehr werth als seine Schriften. Mein lieber Deleyre, bemühen wir uns, daß man ein Gleiches von uns sage. Adieu, ich umarme Sie von ganzem Herzen.

An Dr. Trouchin in Genf.

Montmorency, den 27. November 1758.

— — Ich zweifelte nicht daran, daß Sie meine Ansicht theilen würden oder vielmehr ich die Ihrige über den Vorschlag des Herrn D'Alembert, und ich bin hocherfreut, daß Sie selbst diese Meinung haben bestätigen wollen. Es würde ein Unglück sein, wenn Ihre Einsicht und Ihr Einfluß die Komödie nicht verhinderten, in Genf festen Fuß zu fassen und sich vor unsern Thoren zu behaupten*). —

Sie machen eine sehr treffende Unterscheidung hinsichtlich der griechischen Republiken und der unsrigen in Bezug auf die öffentliche Erziehung; aber das hindert nicht, daß eine solche Erziehung unter uns stattfinden könnte, ja schon durch die Macht der Verhältnisse stattfindet, man möge es wollen oder nicht. Beachten Sie, daß ein großer Unterschied besteht zwischen unsern Arbeitern und denen anderer Länder. Ein Genfer Uhrmacher ist ein Mann, der sich überall zeigen kann, während ein Pariser Uhrmacher nur über Uhren reden kann.

Die Erziehung eines Arbeiters bezweckt die Ausbildung seiner Finger, nichts weiter. Indessen bleibt der Bürger. Wohl oder übel bilden sich auch Kopf und Herz aus; man findet immer Zeit dazu, und gerade dafür sollten besondere Einrichtungen sorgen. Hier, mein Herr, habe ich im Besonderen den Vortheil vor Ihnen voraus, den Sie in den allgemeinen Betrachtungen vor mir voraus haben. Dieser Stand der Arbeiter ist der meinige, in welchem ich geboren bin, in welchem ich hätte leben sollen und den ich nur zu meinem Unglück verlassen habe**). Ich habe darin jene öffentliche Erziehung erhalten, nicht durch eine specielle Einrichtung, sondern durch Ueberlieferungen und Maximen, welche sich von einem Menschenalter zum andern fortpflanzen. — Die Zeiten haben sich geändert, ich weiß es wohl, aber es ist eine Ungerechtigkeit, die öffentliche Verderbniß den Arbeitern schuld zu geben; man weiß nur zu gut, daß sie nicht bei ihnen angefangen hat. Ueberall ist der Reiche der zuerst Verdorbene, der Arme folgt ihm nach, der Mittelstand wird zuletzt angesteckt. Bei uns aber ist der Mittelstand der Stand der Uhrmacher.

Um so schlimmer, wenn die Kinder sich selbst überlassen bleiben. Aber warum geschieht das? Daran sind nicht die

---

*) Voltaire ließ in seinem Landhause Delices Theaterstücke aufführen, und D'Alembert forderte in der Encyklopädie die Genfer auf, in der Metropole des Calvinismus ein Schauspielhaus zu errichten, wogegen sich Rousseau erklärte.

**) Rousseau war Graveurlehrling, als er 15 Jahre alt aus Genf entlief.

geschlossenen Gesellschaften schuld; im Gegentheil. In diesen Gesellschaften sollten sie erzogen werden, die Töchter durch die Mütter, die Söhne durch die Väter. Das ist gerade die mittlere Erziehung, die für uns paßt und die Mitte hält zwischen der öffentlichen Erziehung der griechischen Republiken und der Privaterziehung der Monarchien, wo alle Unterthanen isolirt bleiben müssen und nichts gemein haben dürfen als den Gehorsam.

Man muß auch die Uebungen, welche ich anrathe, nicht mit denen der alten Gymnastik verwechseln. Diese bildeten fast ein besonderes Geschäft; jene sollen nur eine Erholung sein, ein Fest, und ich habe sie nur in diesem Sinne vorgeschlagen. Da es einmal Vergnügungen geben muß, so soll man derartige bieten. Zu meiner Zeit machte man die Beobachtung, daß die geschicktesten Arbeiter von Genf gerade Diejenigen waren, welche sich am meisten in solchen Uebungen hervorthaten, und diese standen damals bei uns in Ehren; ein Beweis, daß diese Beschäftigungen einander nicht schaden, sondern im Gegentheil einander unterstützen. Die Zeit, welche man auf sie verwendet, wird dem wüsten Leben entzogen und verhindert die Bürger an der Verrohung.

Adieu, mein Herr, ich umarme Sie von ganzem Herzen. Mögen Sie lange Zeit dem Vaterland Ehre bringen und dem Menschengeschlecht wohlthun!

An Frau von Crequi.

Montmorency, den 15. Januar 1759.

In Wahrheit, Madame, wenn ich Ihnen nicht dafür danken müßte, daß Sie sich meiner erinnern, so würde ich Ihnen, glaube ich, nicht für Ihre Hühner danken. Was konnte ich mit vier Hühnern machen? Ich habe damit angefangen, zwei davon an Leute zu senden, um die ich mich viel bekümmerte. Dies hat mich bedenken lassen, wie sehr ein Geschenk von einem Freundschaftszeichen verschieden ist. Das erstere wird immer nur ein undankbares Herz in mir finden; das zweite .... O, Madame, wenn Sie mir Nachrichten von Ihnen hätten zukommen lassen, ohne mir sonst etwas zu schicken, wie reich und dankbar würden Sie mich gemacht haben, während ich jetzt, wo die Hühner verzehrt sind, nichts Besseres thun kann, als sie zu vergessen! Sprechen wir also nicht mehr davon. Sehen Sie, das hat man davon, wenn man mir Geschenke macht!

Ich liebe und billige die mütterliche Zärtlichkeit, die Sie mit solcher Bewegung von der Armee sprechen läßt, bei der sich Ihr Herr Sohn befindet; aber ich sehe nicht ein, Madame, warum Sie sich absolut für ihn ruiniren müssen. Bedarf er, um sich auszuzeichnen, zu dem Namen, den er trägt, und der Erziehung, die er genossen hat, noch dieser lächerlichen Equipagen, welche die Ursache der Niederlagen Ihrer Armeen und der Verachtung Ihrer Offiziere sind? Wenn der Luxus allgemein ist, so zeichnet man sich aus durch Einfachheit, und diese Auszeichnung, welche einen obskuren Menschen im Staube lassen würde, kann einen Mann von Rang nur ehren. Ihr Sohn darf nicht leiden, aber er darf auch nichts zu viel haben; wenn er nicht durch seine Equipage glänzen wird, so wird er durch sein Verdienst glänzen wollen, und auf diese Weise kann er Ihre Sorgen ehren und vergelten.

Die Rede ist einmal auf die Erziehung gekommen. Ich hätte einige Ideen über diesen Gegenstand, die ich gern aufs Papier werfen möchte, wenn ich ein wenig unterstützt würde; aber ich müßte dazu Beobachtungen haben, die mir fehlen. Sie sind Mutter, Madame, und obgleich fromm, doch eine Philosophin; Sie haben einen Sohn erzogen und würden auch ohnedies über Manches nachgedacht haben. Wenn Sie in müßigen Augenblicken einige Bemerkungen über diesen Gegenstand aufs Papier werfen und mir mittheilen wollten, so würde Ihre Mühe reich vergolten werden, wenn sie mir hülfe, ein nützliches Werk zu verfassen, und für solche Gaben würde ich wahrhaft empfänglich sein, wohl verstanden jedoch, daß ich mir nur die Gedanken aneignen würde, zu denen Sie mich veranlaßten, und nicht diejenigen, die Sie mir mittheilten.

Ihr Brief hat mich in Betreff Ihrer Gesundheit in einer Unruhe gelassen, durch deren Beseitigung Sie mich verbinden würden. Ihre Seele befindet sich zu wohl; Sie werden nie einen gesunden Körper haben, er wird von ihr verzehrt. Ich hasse jene robusten Gesundheiten, jene Leute, welche so viel Kraft und so wenig Leben haben; es scheint mir, daß ich selbst erst recht gelebt habe, seitdem ich mich halb todt fühle. Guten Tag, Madame.

An Herrn Le Nieps.

Montmorency, den 5. April 1759.

Gott sei Dank! mein guter Freund, wie erquickend ist Ihr Brief! Fünfzig Louisd'or, hundert Louisd'or, zweihundert Louisd'or, 4800 Livres! Wo werde ich Koffer hernehmen, um das Alles hineinzuthun? Wahrhaftig, ich bin ganz erstaunt über die Generosität der Herren von der Oper. Wie haben sie sich verändert! O, die ehrlichen Leute! Es ist mir, als sehe ich schon Haufen von Gold auf meinem Tische aufgeschichtet. Unglücklicher Weise wackelt er auf einem Beine, aber ich werde es festnageln lassen, aus Furcht, so vieles Gold möchte durch die Löcher des Fußbodens in den Keller rollen, anstatt durch die Thüre desselben in wohlbereisten Fässern seinen Einzug zu halten; ja in Fässern, das sind Geldschränke, wie sie nicht ganz eines Genfers, aber eines Schweizers würdig sind. — Ach, wenn ich reich sein werde, dann kommen Sie, kommen Sie mit Ihren Ungeheuern von der Escalade*); ich werde euch einen Hecht vorsetzen so lang wie meine Stube.

Gelacht ist nun genug, lieber Freund. Wenn nur das Geld ankäme! — — Wie man auch die Sache drehen möge und welche Gesetzesregel man darauf anwende, immer sehe ich, daß von allen Gerichtshöfen der Erde die Direktoren der Oper

---

*) Das Fest, welches in Genf bis auf die neueste Zeit zur Erinnerung an die glückliche Vereitelung der Ersteigung der Stadtmauern durch die feindlichen Savoyer alljährlich gefeiert wurde, wobei die Jugend in seltsamen Verkleidungen Umzüge hielt.

augenblicklich verurtheilt werden würden, mein Stück*) zu
restituiren und Entschädigung und Interessen an mich zu zahlen.
Aber es ist klar, daß ich Unrecht habe, weil ich keine Gerechtigkeit erlangen kann, und daß sie Recht haben, weil sie die
Stärkeren sind. Ich bin gewiß, daß Niemand in der Welt einen
anderen Grund zu ihren Gunsten angeben kann.

Ich muß Ihnen jetzt etwas über meine Buchhändler sagen
und werde mit Herrn Pissot beginnen. Ich weiß nicht, ob er
durch mich Gewinn oder Verlust gehabt hat. Jedes Mal, wenn
ich ihn fragte, ob meine Sachen gut abgingen, antwortete er mir:
„Passabel!" Nie habe ich etwas Anderes von ihm gehört. Er hat
mir nicht einen Sou für meine erste Abhandlung gegeben, noch
mir irgend ein Präsent gemacht, einige Exemplare für meine
Freunde ausgenommen. Ich habe mit ihm über die Herausgabe von meinem „Wahrsager des Dorfes" im Betrage von
500 Livres abgeschlossen, die Hälfte in Büchern und die andere
Hälfte in Geld, welches er mir in gewissen Terminen zahlen
wollte; er hielt keinen derselben ein und ich mußte lange nach
meinen 250 Livres laufen.

Was meinen Buchhändler in Holland betrifft, so habe ich
ihn in allen Dingen pünktlich, aufmerksam und redlich befunden;
für meine Abhandlung über die Ungleichheit verlangte
ich 25 Louisd'or, er gab sie mir auf der Stelle und schickte noch
meiner Gouvernante**) ein Kleid. Für meinen „Brief an
Herrn D'Alembert" habe ich 30 Louisd'or verlangt; auch die
gab er mir auf der Stelle, ohne jedoch ein Präsent beizufügen.
Zu letzterem war er nicht verpflichtet; dagegen machte er mir ein
Vergnügen, welches ich von Seiten des Herrn Pissot nie gehabt
habe, nämlich die offenherzige Erklärung, daß er gute Geschäfte
mit mir mache. Dies, mein Freund, ist genau der wirkliche
Sachverhalt. Wenn Ihnen Jemand etwas dem Widersprechen-
des sagt, so sagt er eine Unwahrheit.

Wenn Diejenigen, die mich beschuldigen, es fehle mir an

---

*) Rousseau's Oper „Der Wahrsager des Dorfes", für deren oft wiederholte
Aufführung nichts an ihn bezahlt worden war.
**) So wurde Therese Levasseur von Rousseau's Freunden genannt.

Uneigennützigkeit, darunter verstehen, daß ich kein Vergnügen
daran finde, wenn man mir das Wenige, was ich verdiene, um
zu leben, entzieht, so haben sie Recht, und es ist klar, daß es für
mich kein anderes Mittel gibt, ihnen uneigennützig zu erscheinen,
als Hungers zu sterben. Wenn ich in den Erwerbsmitteln weniger
bedenklich wäre, so würde mir ein Verlust weniger schmerzlich
sein, und man weiß wohl, daß Niemand so verschwenderisch ist
als die Diebe. Aber wenn man mich ungerechter Weise dessen
beraubt, was mir gehört, wenn man mir den mäßigen Ertrag
meiner Arbeit entzieht, so fügt man mir kein geringes Unrecht
zu, und es ist sehr hart für mich, daß ich nicht einmal die Freiheit
haben soll, mich darüber zu beklagen. Seit geraumer Zeit macht
sich das Pariser Publikum einen Jean Jacques nach seiner
Phantasie und stattet ihn verschwenderisch mit Gaben aus,
welche der Jean Jacques von Montmorency nie zu sehen be-
kommt. Drei Viertel des Jahres schwach und krank, muß ich
durch die Arbeit eines Viertels mir die Mittel schaffen, das
ganze Jahr durchzukommen. —

An den Marschall von Luxembourg.

Im kleinen Schloß von Montmorency, den 27. Mai 1759.
Mein Herr!

Ihr Haus ist reizend; der Aufenthalt daselbst ist köstlich.
Er würde es noch mehr sein, wenn die Pracht, welche ich hier
finde, und die Aufmerksamkeiten, die mir gespendet werden, mich
etwas weniger merken ließen, daß ich nicht in meinem eigenen
bin. Davon abgesehn, fehlt dem Vergnügen, mit dem ich es
bewohne, nur das, Sie als Zeugen desselben zu sehen.

Sie wissen, Herr Marschall, daß die Freunde der Einsamkeit alle einen romanhaften Geist haben. Ich bin voll von diesem
Geiste, ich fühle es und betrübe mich nicht darüber; warum
sollte ich mich von einer so süßen Narrheit zu heilen suchen, da
sie beiträgt, mich glücklich zu machen? Leute der großen Welt
und des Hofs, haltet euch ja nicht für verständiger als mich;
nur unsre Chimären sind verschieden.

Meine besteht darin. Ich denke, daß, wenn wir beide so sind, wie ich gern glaube, wir ein seltenes und vielleicht einziges Schauspiel darstellen können durch einen Verkehr voll Achtung und Freundschaft (Sie haben mir dieses Wort diktirt) zwischen zwei Menschen von so verschiedenem Stande, daß sie nicht bestimmt schienen, die geringste Beziehung zu einander zu haben. Aber dazu ist nothwendig, mein Herr, daß Sie so bleiben, wie Sie sind, und mich so lassen, wie ich bin. Wenn Sie nicht mein Schutzherr sein wollen, so verspreche ich Ihnen dafür, nicht Ihr Lobredner zu sein. Wenn Sie dagegen mich protegiren, mir Geschenke machen und für mich Gnadenbezeugungen erlangen wollen und fordern, daß ich mich in Ihre Wohlthaten ergebe, so werden Sie nur einen Phrasenmacher in mir gesehen haben und nur ein Großer in meinen Augen sein. Ich hoffe, daß die Freundlichkeiten, mit denen Sie mich beehren, nicht zu dieser gegenseitigen Meinung werden.

Aber, mein Herr, ich muß Ihnen meine ganze Verlegenheit gestehen. Bei Ihrer von Ihrem Rang unzertrennlichen Umgebung finde ich keine Möglichkeit für mich, nur Sie und die Frau Marschallin zu sehen. Dennoch ist dies eine Bedingung, von der abzugehen mir Mühe machen würde. Ich will weder den Neugierigen gefällig sein, noch, sei es auch nur für einen Augenblick, andere Menschen sehen als diejenigen, welche mir konveniren. Meine Gemüthsart, die gar keinen Zwang erträgt, meine Krankheit, die ihn nicht duldet, meine Maximen, die ich nicht verhehlen mag und welche sicherlich jeden Andern als Sie beleidigen würden, der Friede besonders und die Ruhe meines Lebens, Alles legt mir das milde Gesetz auf, zu enden wie ich begonnen habe. Herr Marschall, ich wünsche Sie zu sehen, mich Ihrer Achtung zu befleißigen und von Ihnen zu lernen, sie zu verdienen; aber ich kann Ihnen nicht meine Zurückgezogenheit opfern. Machen Sie, daß ich Sie allein sehen kann, und gestatten Sie, daß ich Sie nur auf diese Weise sehe.

Ich würde mir nie verzeihen, erst so mit Ihnen kapitulirt zu haben, ehe ich die Ehre Ihres Anerbietens acceptirte, und es ist eine Huldigung mehr, die ich Ihrem Edelmuth schuldig zu

sein glaube, daß ich Ihnen meine Phantasien erst sage, nachdem
ich mich unter Ihre Verfügnng gestellt habe; denn indem ich
fühlte, welche Pflichten ich einzugehen im Begriff war, habe ich
sie ohne Furcht übernommen. Ich weiß wohl, daß mein Aufenthalt hier, der für Sie Nichts ist, für mich sehr bedeutende
Folgen hat. Ich weiß, daß, wenn ich auch nur eine Nacht hier
geschlafen hätte, das Publikum, die Nachwelt vielleicht, Rechenschaft von mir über diese einzige Nacht verlangen würde. Ohne
Zweifel werden sie Rechenschaft fordern über den Rest meines
Lebens; ich bin nicht besorgt um die Antwort. Mein Herr, nicht
ich habe sie zu geben. Indem ich Sie nenne, muß ich gerechtfertigt sein, oder ich könnte es nie sein.

Ich glaube keiner Entschuldigung zu bedürfen wegen des
Tones, den ich mir gegen Sie gestatte. Es scheint mir, daß
Sie mich verstehen müssen. Herr Marschall, ich könnte, es ist
wahr, in respektvolleren Worten zu Ihnen sprechen, aber nicht
in ehrenvolleren.

An D'Alembert.

Montmorency, den 25. Juni 1759.

Mein Herr, ich habe auf Ihren Artikel über Genf antworten müssen; ich habe es gethan und habe sogar meine Schrift
an Sie adressirt. Ich bin nicht unempfindlich für die Ehre, die
Sie mir bei mehr als einer Gelegenheit erwiesen haben, aber
Sie geben uns einen verderblichen Rath*), und wenn mein
Vater ein Gleiches gethan, hätte ich nicht zu schweigen vermocht,
noch es gedurft. Ich habe versucht, das, was ich Ihnen schulde,
mit dem zu vereinbaren, was ich meinem Vaterlande schulde;
wo ich zwischen Beiden wählen mußte, würde es ein Verbrechen
gewesen sein, zu schwanken. Wenn meine Verwegenheit Sie
beleidigt, so werden Sie nur zu sehr durch die Schwäche des Werks
gerächt werden. Vergebens werden Sie darin die Reste eines
Talentes suchen, welches nicht mehr existirt und welches sich

---

*) In Genf ein Theater zu errichten.

vielleicht nur von der Verachtung nährte, die ich meinen Widersachern gegenüber fühlte. Wenn ich nur um meinen Ruf besorgt wäre, würde ich gewiß diese Schrift unterdrückt haben, aber es ist hier nicht die Frage, was Ihnen gefallen oder mir Lob einbringen könne; da ich meine Pflicht that, so werde ich immer zufrieden genug sein mit mir selbst und gerechtfertigt genug bei Ihnen.

An Herrn Cartier.

Montmorency, den 10. Juli 1759.

Ich danke Dir von ganzem Herzen, mein guter Patriot, sowohl für den Antheil, den Du an meiner Gesundheit nimmst, als für die menschenfreundlichen und edelmüthigen Anerbietungen behufs ihrer Wiederherstellung, zu denen diese Theilnahme Dich bewogen hat. Glaube, daß ich, wenn die Sache thunlich wäre, diese Anerbietungen mit ebenso viel und mehr Vergnügen von Dir annehmen würde, als von irgend Jemand in der Welt; aber, mein Lieber, man hat Dir über den Zustand meiner Krankheit schlecht berichtet; das Uebel ist schwerer und weniger verdient, und ein körperlicher Fehler, den ich mit auf die Welt brachte, macht es vollends unheilbar. Die einzige Wirkung Deiner Anerbietungen wird daher die Dankbarkeit sein, die sie in mir erwecken, und das Vergnügen, einen meiner Mitbürger mehr zu kennen und zu schätzen. Was Deinen Stil betrifft, so ist er gut; da er ja der der Freundschaft ist, warum willst Du Dich entschuldigen? Ich kann Dir nicht besser zeigen, daß ich ihn billige, als durch mein Bestreben, ihn nachzuahmen, und es hängt nur von Dir ab, zu sehen, daß es von Herzen gern geschieht. Solltest Du etwa einer von unsern Brüdern, den Quäkern sein? Wenn das ist, so freue ich mich darüber, denn ich liebe sie sehr, und davon abgesehen, daß ich nicht zu Jedermann Du sage, halte ich mich für einen besseren Quäker als Dich. Doch darin besteht vielleicht nicht das Beste an uns beiden, denn es ist ja auch nur eine Narrheit, unter den Narren

weise sein zu wollen. Wie dem sein mag, ich bin sehr zufrieden
mit Dir und Deinem Briefe, ausgenommen das Ende, wo Du
Dich mehr mein als Dein nennst; denn Du lügst, und es ist nicht
der Mühe werth, sich zu zwingen, die Leute mit Du anzureden,
um ihnen auch Lügen zu sagen. Adieu, lieber Patriot; ich grüße
Dich und umarme Dich von ganzem Herzen. Du kannst darauf
rechnen, daß ich hierin nicht lüge.

An Herrn Vernes.

Montmorency, den 9. Februar 1760.

Es sind vierzehn Tage, mein lieber Vernes, daß ich durch
Herrn Favre Ihr Unglück*) erfahren habe; ebenso lange bin
ich sehr krank, und ich befinde mich noch nicht besser. Ich vergleiche
nicht meinen Zustand mit dem Ihrigen; meine jetzigen
Leiden sind nur physische, und ich, dessen Leben nichts als eine
Abwechselung der einen mit den andern ist, weiß nur zu sehr,
daß nicht jene das Herz am schmerzlichsten durchbohren. Das
meinige kann wohl Ihr Leid theilen, aber Ihnen keinen Trost
geben. Ich weiß nur zu gut aus Erfahrung, daß Nichts tröstet
als die Zeit, und daß der Gedanke, die Zeit werde uns trösten, oft
nur eine Betrübniß mehr ist. Lieber Vernes, man hat nicht
Alles verloren, wenn man noch weint; die Trauer über das verschwundene
Glück enthält noch Etwas von ihm. Glücklich, wer
noch im Herzen trägt, was ihm theuer war! O! glauben Sie
mir, Sie kennen nicht die grausamste Weise, es zu verlieren; es
ist die, wenn man es noch lebend beweinen muß. Mein guter
Freund, Ihr Kummer läßt mich an den meinigen denken! das
ist bei Unglücklichen eine natürliche Rückwirkung. Andere
werden ein reineres Mitgefühl für Ihren Schmerz zeigen, aber
gewiß Niemand wird ihn aufrichtiger theilen.

*) Den Tod seiner Frau.

An Voltaire.

Montmorency, den 17. Juni 1760.

Ich dachte nicht, mein Herr, daß ich mich je wieder in Korrespondenz mit Ihnen befinden würde. Allein da ich erfahre, daß der Brief, den ich Ihnen im Jahre 1756 schrieb, in Berlin gedruckt worden ist, bin ich Ihnen Rechenschaft über mein Benehmen schuldig, und ich werde mit Wahrheit und Einfachheit diese Pflicht erfüllen.

Da jener Brief wirklich an Sie gerichtet war, so war er nicht für den Druck bestimmt. Ich theilte ihn bedingungsweise drei Personen mit, denen so etwas zu verweigern die Rechte der Freundschaft mir nicht erlaubten, und welchen dieselben Rechte noch weniger erlaubten, das ihnen Anvertraute zu mißbrauchen, indem sie ihr Versprechen verletzten. Diese drei Personen sind Frau von Chenonceaux, die Frau Gräfin von Houdetot und ein Deutscher, Herr Grimm. Frau von Chenonceaux wünschte, daß der Brief gedruckt würde, und verlangte meine Einwilligung dazu. Ich sagte ihr, sie hänge von der Ihrigen ab. Sie wurden darum gebeten, Sie verweigerten sie, und es war nicht mehr die Rede davon.

Nun hat mir der Herr Abbé Trublet, mit dem ich in gar keiner Verbindung stehe, mit einer sehr ehrenhaften Aufmerksamkeit soeben geschrieben, daß er in den Blättern eines Journals des Herrn Formey eben jenen Brief gelesen, mit einer vom 23. Oktober 1759 datirten Bemerkung des genannten Herausgebers, er habe ihn vor einigen Wochen bei den Buchhändlern von Berlin gefunden, und da der Brief zu jenen fliegenden Blättern gehörte, welche bald ohne Wiederkehr verschwinden, so habe er geglaubt, ihm eine Stelle in seinem Journal geben zu müssen.

Dies, mein Herr, ist Alles, was ich davon weiß. Es ist ganz gewiß, daß man bisher von jenem Brief in Paris nicht einmal sprechen hörte. Es ist ganz gewiß, daß das Exemplar, welches geschrieben oder gedruckt in die Hände des Herrn Formey gerathen ist, nur von Ihnen, was nicht wahrscheinlich ist, oder von einer der drei Personon, die ich genannt habt, gekommen sein kann. Endlich ist es ganz gewiß, daß die beiden Damen eines solchen Wortbruchs unfähig sind. Mehr kann ich in meiner Zurückgezogenheit nicht wissen. Sie haben Korrespondenzen, vermittelst deren es Ihnen ein Leichtes sein würde, die Quelle zu erforschen, wenn die Sache der Mühe werth wäre, und das Faktum zu konstatiren.

In seinem Briefe bemerkt Herr Abbé Trublet, daß er das Blatt aufbewahrt und es Niemand ohne meine Einwilligung leihen werde: ich werde diese sicherlich nicht geben. Aber jenes Exemplar ist vielleicht nicht das einzige in Paris. Ich wünsche, mein Herr, daß der Brief nicht daselbst gedruckt wird, und ich werde alles Mögliche dagegen thun. Wenn es sich aber nicht hindern ließe und ich bei Zeiten davon benachrichtigt würde, so würde ich nicht zögern, dem zuvorzukommen und ihn selbst drucken zu lassen. Das scheint mir gerecht und natürlich.

Was Ihre Antwort auf jenen Brief betrifft, so ist sie Niemand mitgetheilt worden, und Sie können darauf rechnen, daß er nicht ohne Ihre Zustimmung gedruckt wird, und ich werde nicht so indiskret sein, diese von Ihnen zu verlangen, da ich wohl weiß, daß das, was ein Mensch an einen andern schreibt, nicht für das Publikum bestimmt ist. Aber wenn Sie einen zum Zweck der Veröffentlichung schreiben und an mich adressiren wollen, so verspreche ich Ihnen, denselben meinem Briefe getreu beizugeben und nicht ein einziges Wort dagegen zu erwidern.

Ich liebe Sie nicht, mein Herr, Sie haben mir den für mich, Ihren Schüler und Bewunderer, empfindlichsten Schmerz zugefügt. Sie haben Genf für das Asyl, welches Sie dort fanden, ins Verderben gebracht*); Sie haben mir meine Mitbürger entfremdet zum Lohne für den Beifall, den ich dort an Sie verschwendete; Sie sind es, der mir den Aufenthalt in meiner Heimat unerträglich macht; durch Ihre Schuld werde ich auf fremder Erde sterben müssen, jedes Trostes beraubt, den man Sterbenden gewährt, und man wird mich verächtlich in die

---

*) Durch die Errichtung eines Theaters, welches nach Rousseau's Meinung der republikanischen Sittenstrenge verderblich war.

Grube eines Schindangers werfen, während Sie in meinem Lande alle Ehren bekleiden werden, die ein Mensch erwarten kann. Kurz, ich hasse Sie, da Sie es gewollt haben; aber ich hasse Sie als ein Mensch, der vielmehr verdiente, Sie zu lieben, wenn Sie es gewollt hätten. Von allen Gefühlen, von denen mein Herz für Sie durchdrungen war, bleibt nur die Bewunderung für Ihr schönes Genie und die Liebe zu ihren Schriften. Wenn ich in Ihnen nur Ihre Talente ehren kann, so ist das nicht meine Schuld. Ich werde es niemals an der Achtung fehlen lassen, die Ihnen gebührt, noch an dem Benehmen, welches diese Achtung erfordert. Adieu, mein Herr*).

An Duclos.

Mittwoch, den 19. November 1760.

Indem ich Ihnen den fünften Theil**) schicke, beginne ich damit, Ihnen das zu sagen, wozu ich mich am meisten gedrungen fühle, nämlich daß ich erkannt habe, wie viel mehr Neigungen, als ich glaubte, wir gemein haben. Wir hätten einander ganz anders lieben sollen, als wir gethan haben; aber Ihre Philosophie machte mir bange, und meine Misanthropie machte Sie irre. Zwischen uns standen Freunde, die uns beide nicht gekannt haben und die uns verhinderten, einander recht zu kennen. Ich bin sehr befriedigt, daß ich endlich diesen Irrthum fühle, und würde es noch weit mehr sein, wenn ich näher bei Ihnen wäre.

Ich lese mit Entzücken das Gute, was Sie von meiner Julie sagen; aber Sie haben mir in Ihrem letzten Billet keine Kritik gemacht, und da das Werk gut ist, so werden mir mehr Leute sagen, was gut, als was schlecht daran ist.

Trotz Ihrem Gefühl beharre ich bei dem Glauben, daß diese Lektüre für Mädchen sehr gefährlich ist. Ich denke sogar,

---

*) Dieser Brief erbitterte Voltaire aufs tiefste gegen Rousseau, und in seiner Korrespondenz nimmt er oft auf ihn Bezug.
**) Des Romans „Die neue Heloïse".

daß Richardson sich gröblich irrte, indem er sie durch Romane unterrichten wollte; das heißt ein Haus in Brand stecken, um die Spritzen zu probiren.

An Herrn Jakob Vernet.

Montmorency, den 29. November 1760.

— — So sind also die Satire, die schwarze Lüge und die Schmähschriften die Waffen der Philosophie und ihrer Parteigänger geworden! So vergilt Herr von Voltaire die Gastfreundschaft, die ihm Genf mit unheilvoller Nachsicht gewährt! Dieser Prahlhans des Unglaubens, dieses schöne Genie und diese niedrige Seele, dieser durch seine Talente so große und durch ihren Mißbrauch so kleine Mann wird uns eine lange und grausame Erinnerung an sein Verweilen unter uns zurücklassen. Der Ruin der Sitten, der Verlust der Freiheit, die unvermeidlichen Folgen desselben, werden bei unsern Enkeln die Denkmale seines Ruhmes und seiner Dankbarkeit sein. Wenn sich in ihren Herzen einige Liebe zum Vaterlande erhält, so werden sie sein Andenken verabscheuen und er wird öfter verwünscht als bewundert werden.

Nicht daß ich von dem gegenwärtigen Zustande unsrer Stadt eine so schlechte Meinung hätte, wie Sie, mein Herr, zu glauben scheinen. Ich weiß, daß es dort noch viele wahre Bürger gibt, welche, gesunden Verstandes und tugendhaft, die Gesetze und die Obrigkeit achten, die gute Sitte und die Freiheit lieben. Aber diese vermindern sich alle Tage; die andern nehmen zu, mox daturi progeniem vitiosiorem*). Ist einmal das Streben nach unten da, so kann nichts mehr den Fortschritt des Uebels aufhalten, die gegenwärtige Generation hat es begonnen, die künftige wird es vollenden. — Das Lächerlichmachen, dieses Gift für den gesunden Verstand und die Redlichkeit, die Satire, die Feindin des öffentlichen Friedens, die Verweichlichung, der

---

*) „Bald eine noch schlechtere Nachkommenschaft hervorbringend". (Worte von Horaz.)

anmaßende Prunk, der Luxus werden in der Zukunft nur ein
Volk von kleinen Witzbolden, Hanswursten, Possenreißern,
Gassenphilosophen und Laden-Schöngeistern ausbilden, welche
statt der Achtung, die weiland unsre Männer der Literatur be-
saßen, uns den hohen Ruhm der Akademien von Marseille oder
von Angers*) verschaffen werden. Sie werden es viel schöner
finden, Höflinge als freie Männer, Komödianten als Bürger
zu sein, und würden sich's nie einfallen lassen, aus ihren Betten
zur Escalade zu eilen, weniger aus Feigheit, als aus Furcht,
sich zu erkälten. Ich gestehe Ihnen, mein Herr, daß alles Dies
nicht sehr anziehend ist für einen Mann, der noch die Einfalt,
vielleicht die Narrheit besitzt, für sein Vaterland in Leidenschaft
zu gerathen, und dem kein anderes Mittel übrig bleibt, als die
Augen von den Uebeln abzuwenden, die er nicht heilen kann.

Ich liebe die Ruhe, den Frieden; die Abneigung gegen
Streit und Sorgen macht meine ganze Mäßigung aus, und ein
träges Temperament vertrat bisher bei mir die Stelle der
Tugend. Weniger trunken, als mit Ersticken bedroht von einem
gewissen kleinen Weihrauch, habe ich schmerzlich die Bitterkeit
desselben gefühlt, ohne Geschmack daran zu finden, und ich sehne
mich nach der Rückkehr jener glücklichen Unberühmtheit, welche
erlaubt, daß man sich selbst genießt. Da ich die Schriftsteller
sich unter einander wie Wölfe zerfleischen sah, und den Rest von
Begeisterung, die mir, als ich beinahe vierzig Jahre alt war, die
Feder in die Hand gab, fast erloschen fühlte, so habe ich diese
Feder vor meinem fünfzigsten Jahre niedergelegt, um sie nicht
wieder zu ergreifen. Ich habe nur noch eine Art Abhandlung
über Erziehung zu veröffentlichen; sie ist voll von meinen ge-
wohnten Träumereien und die letzte Frucht ländlicher Spaziergänge. Dann will ich fern vom Publikum, mich ganz und
gar meinen Freunden und mir selbst widmend, ruhig das Ende
einer für meine Trübsale schon zu langen Laufbahn erwarten. —

---

*) Die genannten Akademien zeichneten sich damals durch die Nullität ihrer
Leistungen aus.

An Herrn ***.

Montmorency, den 13. Februar 1761.

Sie haben Recht mit Ihrem Glauben, daß die Harmonie der Seele auch ihre Dissonanzen habe, welche der Wirkung des Ganzen nicht schaden; Jeder weiß nur zu sehr, wie sie eintreten, aber sie sind schwer zu behandeln. Nur aus der entzückenden Musik der himmlischen Sphären lernt man jene sinnreichen Successionen von Akkorden. Glücklich, wer in diesem Zeitalter der Mißtöne und Diskordanzen sein Ohr rein genug erhalten kann, um jene göttlichen Koncerte zu vernehmen!

Uebrigens beharre ich, was man auch sagen möge, bei meinem Glauben, daß jeder Leser meiner „Neuen Heloïse", der sie für ein unsittliches Buch halten kann, nicht bestimmt ist, die wahre Sittlichkeit zu lieben. Ich freue mich, mein Herr, daß Sie nicht zu der Zahl dieser Unglücklichen gehören, und grüße Sie von ganzem Herzen.

An die Frau Marschall von Luxembourg.

Montmorency, den 12. Juni 1761.

Wie viel hätte ich Ihnen zu sagen, bevor ich Sie verlasse!*) Aber die Zeit drängt; ich muß meine Beichte abkürzen und Ihrem wohlthätigen Herzen mein letztes Geheimniß anvertrauen. Sie sollen wissen, daß ich seit sechzehn Jahren mit diesem armen Frauenzimmer, welches mit mir zusammenwohnt, ganz intim gelebt habe. — Aus dieser Verbindung sind fünf Kinder hervorgegangen, welche alle ins Findelhaus gethan worden sind, und zwar mit so wenig Vorsorge, sie eines Tags wiederzuerkennen, daß ich nicht einmal das Datum von ihrer Geburt aufgehoben habe. Seit mehreren Jahren stören die Gewissensbisse von dieser Vernachlässigung die Ruhe meiner Seele, und zu meinem und der Mutter tiefstem Bedauern werde ich sterben, ohne das Vergehen gut machen zu können. Nur in die Windeln

---

*) Rousseau war damals sehr gefährlich erkrankt.

des Erstgebornen ließ ich eine Marke thun, deren Duplikat ich aufbewahrt habe. Die Geburt geschah, glaube ich, im Winter von 1746 auf 47, oder etwas später. Das ist Alles, woran ich mich erinnere. Wenn es ein Mittel gäbe, dieses Kind wiederzufinden, so würde seine Mutter dadurch glücklich gemacht werden; allein ich verzweifle daran, und ich nehme diesen Trost nicht mit mir. Die Gedanken, mit denen mich mein Vergehen erfüllte, haben zum großen Theil dazu beigetragen, mich zur Ausarbeitung meiner Abhandlung von der Erziehung zu bewegen, und Sie werden im ersten Buche derselben*) eine darauf bezügliche Stelle finden. Ich habe die Mutter nicht geheirathet, und ich war nicht dazu verpflichtet, da ich ihr, bevor ich mich mit ihr verband, erklärt habe, daß ich sie nie heirathen würde; aber übrigens habe ich sie immer wie meine Frau geliebt und geehrt, wegen ihres guten Herzens, ihrer beispiellosen Uneigennützigkeit und ihrer makellosen Treue, gegen die sie mir auch nicht zu dem geringsten Verdacht Anlaß gab. Dies, Frau Marschallin, ist der gerechte Grund meiner Besorgnisse über das Schicksal dieser Armen, wenn sie mich verloren haben wird. Ja, ich müßte, wenn ich weniger Vertrauen zu Ihrer Freundschaft für mich und zu der des Herrn Marschalls hätte, im tiefsten Schmerz über ihre Verlassenheit scheiden; aber ich vertraue sie Ihnen an und werde in dieser Hinsicht in Frieden sterben. —

An Herrn Berues.

Montmorency, den 24. Juni 1761.

— Ich habe nie beansprucht die unzähligen Fehler der „Neuen Heloïse" zu rechtfertigen, ich finde, daß man sie zu günstig aufgenommen hat; aber Ihre Beschwerden gegen Wolmar beweisen mir, daß ich den Zweck des Buchs verfehlte, oder daß Sie ihn nicht recht begriffen haben. Sein Zweck war, die entgegengesetzten Parteien durch wechselseitige Achtung einander zu nähern; den Philosophen zu lehren, daß man an Gott

---

*) S. Rousseau's „Emile", Buch I.

glauben kann, ohne ein Heuchler zu sein, und den Gläubigen, daß man ungläubig sein kann, ohne ein Schurke zu sein. Die fromme Julie ist eine Lehre für die Philosophen, der Atheist Wolmar ist eine für die Unduldsamen. — Sie werfen mir vor, daß ich Wolmar nicht am Schlusse sein System habe aufgeben lassen; aber, mein lieber Vernes, Sie haben den Schluß meines Romans nicht gelesen, denn seine Bekehrung ist dort mit einer Klarheit angedeutet, welche keine weitere Entwicklung gestattete, ohne in eine Kapuzinerpredigt auszuarten.

An Jacqueline Danet*).
Montmorency, den 22. Juli 1761.

Ihr Brief, meine liebe Jacqueline, hat mein Herz in einem Augenblick erfreut, wo ich nicht im Stande war, ihn zu beantworten. Ich benutze eine Zeit, wo ich mich etwas erholt habe, um Ihnen dafür zu danken, daß Sie sich meiner erinnern, sowie für Ihre Freundschaft, die mir stets theuer sein wird. Was mich betrifft, so habe ich nie aufgehört, an Sie zu denken und Sie zu lieben. Oft habe ich in meinen Leiden zu mir selbst gesagt: Hätte die gute Jacqueline sich nicht so viel Mühe gegeben, mich als Kind am Leben zu erhalten, so hätte ich nicht als Erwachsener so viel Uebles erlitten! Seien Sie überzeugt, daß ich nie aufhören werde, die innigste Theilnahme für Ihre Gesundheit und Ihr Glück zu fühlen, und daß es immer ein wahres Vergnügen für mich sein wird, Nachricht von Ihnen zu erhalten. Adieu, meine liebe und gute Jacqueline. Ich spreche nicht weiter von meiner Gesundheit, um Sie nicht zu betrüben. Möge der gütige Gott die Ihrige erhalten und Sie mit allen Gütern, die Sie wünschen, segnen.

Ihr armer Jean-Jacques, der Sie von ganzem Herzen umarmt.

---

*) Rousseau's Amme; seine Mutter starb bei seiner Geburt.

An Herrn von Offreville in Donai.

Montmorency, den 4. Oktober 1761.

Die Frage, die Sie, mein Herr, in Ihrem Briefe vom 15. September mir vorlegen, ist schwer und wichtig; von ihrer Beantwortung hängt die Erkenntniß ab, ob es eine beweisbare Moral gibt oder nicht.

Ihr Gegner behauptet, daß jeder Mensch in Allem, was er thue, nur mit Rücksicht auf sich selbst handle, und daß selbst in den erhabensten Akten der Tugend und in den reinsten Werken der Liebe Jeder Alles auf sich beziehe.

Sie, mein Herr, denken, daß man das Gute um des Guten willen thun müsse, selbst wenn man gar keinen persönlichen Vortheil davon habe; daß die guten Werke, die man auf sich zurückbeziehe, keine Handlungen der Tugend, sondern der Eigenliebe seien; Sie fügen hinzu, daß unsre Almosen ohne Verdienst seien, wenn wir sie aus Eitelkeit geben oder in der Absicht, aus unsrem Geiste die Vorstellung des menschlichen Elends zu entfernen, und hierin haben Sie Recht.

Aber in Bezug auf den Grund der Frage muß ich Ihnen gestehen, daß ich die Ansicht Ihres Gegners theile, denn so oft wir handeln, müssen wir einen Beweggrund zum Handeln haben, und dieser Beweggrund kann uns nicht fremd sein, da wir es sind, die er zum Handeln bewegt. Es ist absurd, sich einzubilden, daß ich als ich handeln werde, als wenn ich ein Anderer wäre. Würden Sie, wenn man Ihnen sagte, ein Körper werde gestoßen, ohne daß ihn etwas berühre, dies nicht für unbegreiflich erklären? Ebenso verhält es sich in der Moral, wenn man ohne irgend ein Interesse zu handeln glaubt.

Es gibt ein sinnliches und handgreifliches Interesse, welches sich einzig auf unser materielles Wohlsein bezieht oder auf die physischen Güter, welche für uns aus der guten Meinung der Andern entspringen. — Wenn ich einem Andern Dienste erweise, in der Absicht, mir ein Recht auf seine Dankbarkeit zu erwerben, so bin ich nur ein Kaufmann, der ein Geschäft macht und noch dazu den Käufer übervortheilen möchte. Wenn ich Almosen gebe, damit ich für liebreich gehalten werde und die mit solchem Rufe verbundenen Vortheile genieße, so bin ich auch nur ein Kaufmann, der sich einen guten Ruf erkauft. Alle Handlungen dieser Art, welche einen äußeren Vortheil im Auge haben, können nicht gute Handlungen genannt werden, und von einem Kaufmann, der gute Geschäfte gemacht hat, sagt man nicht, er habe tugendhaft gehandelt.

Es gibt ein anderes Interesse, welches nichts mit den Vortheilen in der Gesellschaft zu thun hat und sich nur auf uns selbst bezieht, aber auf das Wohl unserer Seele, auf unser absolutes Wohl, und welches ich deshalb das geistige oder moralische Interesse nenne, im Gegensatz zu dem ersteren; ein Interesse, welches, obwohl es nichts Sinnliches, Materielles zum Gegenstande hat, darum nicht weniger wahr, weniger groß, weniger gediegen und, um Alles mit Einem Worte zu sagen, das einzige ist, welches dem Innersten unseres Wesens entstammend unser wahres Glück erzielt. Das, mein Herr, ist das Interesse, von welchem die Tugend sich leiten läßt, und von dem sie sich leiten lassen muß, ohne daß dadurch die Handlungen, welche sie einflößt, etwas von ihrem Verdienst, von ihrer Reinheit, von ihrer moralischen Güte verlören.

Was zuerst das religiöse System betrifft, so sehen Sie, daß das Interesse, dem Urheber unseres Daseins und dem höchsten Richter unserer Handlungen zu gefallen, eine Kraft in sich trägt, welche die größten Leiden überwindet und die wahren Gläubigen zum Märtyrerthum hinreißt, und daß es zugleich eine Reinheit besitzt, welche die erhabensten Pflichten noch edler erscheinen läßt. —

Aber außer diesem Interesse, welches man in gewisser Hinsicht als der eigentlichen Sache fremd betrachten kann, da es mit dieser nur durch den ausdrücklichen Willen Gottes zusammenhängt, werden Sie mich vielleicht nach einem andern Interesse fragen, welches, durch seine Natur noch unmittelbarer und nothwendiger mit der Tugend verbunden, uns bestimmte, diese um ihrer selbst willen zu lieben. Das hängt mit andern Fragen zusammen, deren Erörterung die Zeugen eines Briefs überschreitet, und in deren Untersuchung ich mich aus diesem Grunde hier nicht einlassen werde, nämlich, ob wir eine natürliche Liebe zur Ordnung, zum moralisch Schönen haben, ob diese Liebe durch sich selbst stark genug ist, um alle unsere Leidenschaften zu besiegen, ob das Gewissen angeboren oder nur das Werk der Vorurtheile und der Erziehung ist; denn im letzteren Falle ist es klar, daß an sich Niemand ein Interesse hat, gut zu handeln, und alles Gute nur um des Nutzens willen gethan wird, den man von Seiten der Andern erwartet, und daß folglich nur Dummköpfe an die Tugend glauben und Betrogene sie ausüben. Das ist die neue Philosophie. — —

Vor Allem, mein Herr, bedenken Sie, daß man nichts über die Grenzen der Wahrheit hinaus treiben darf. Man verwechsle nicht, wie die Stoiker es thaten, das Glück mit der Tugend. Es ist gewiß, daß, wenn man das Gute um des Guten willen thut, man es für sich thut, für unser eignes Interesse, da es der Seele eine innere Genugthuung, eine Zufriedenheit mit sich selbst gewährt, ohne die es kein wahres Glück geben kann. Es ist ferner gewiß, daß die Schlechten alle elend sind, wie auch ihr Schicksal erscheinen möge, weil das Glück in einer verdorbenen Seele vergiftet wird, wie das Vergnügen der Sinne in einem ungesunden Körper. Aber es ist falsch, daß die Guten alle glücklich in dieser Welt seien, und wie es nicht für den Körper hinreicht, gesund zu sein, um Nahrung zu haben, so reicht es auch nicht für die Seele hin, gesund zu sein, um alle Güter zu erhalten, deren sie bedarf. Die Tugend gibt nicht das Glück, aber sie allein lehrt, es zu genießen, wenn man es hat. Die Tugend schützt nicht vor den Uebeln dieses Lebens und verschafft nicht die Güter desselben (das thut auch das Laster mit allen seinen Listen nicht), aber sie läßt die einen geduldiger ertragen und die andern reiner und schöner genießen. Wir haben also in jedem Fall ein wahrhaftes Interesse, uns ihr zu widmen, und wir thun wohl daran, für dieses Interesse zu wirken, obgleich es Umstände gibt, wo es an und für sich

ungenügend sein würde ohne die Erwartung eines künftigen
Lebens. Dies ist meine innige Ueberzeugung hinsichtlich der
Frage, die Sie mir vorgelegt haben.

An Herrn Roustan.

Montmorency, den 23. December 1761.

Mein geliebter Schüler, als ich Ihren letzten Brief erhielt,
hoffte ich noch, Sie eines Tages zu sehen und zu umarmen;
aber der Himmel befiehlt es anders. Wir müssen uns verlassen, ehe wir uns kennen. Ich glaube, das ist für uns beide
ein Verlust. Sie haben Talent, lieber Roustan. Der Druck
Ihrer Lage hat Sie gezwungen, ein Amt anzunehmen, das Sie
von der Pflege der Wissenschaften abhält. Ich betrachte diese
Abhaltung nicht als ein Unglück für Sie. Mein lieber Roustan,
erwägen Sie wohl, was ich Ihnen jetzt sagen werde. Ich habe
den Ruhm wohl gekostet; alle meine Schriften waren erfolg-
reich; kein lebender Schriftsteller, selbst Voltaire nicht ausgenommen, hat glänzendere Momente gehabt als ich, und doch
versichere ich Ihnen, daß seit dem Augenblicke, wo ich drucken
ließ, mein Leben nur Mühe, Angst und Schmerz gewesen ist.
Nur während meiner Unbekanntheit habe ich ruhig und glücklich
gelebt und wahre Freunde gehabt. Seitdem aber mußte ich von
Rauchwolken leben, und Alles, was meinem Herzen gefallen
konnte, ist ohne Wiederkehr entflohen. Mein Kind, mache dich
klein, sagte jener alte Politiker zu seinem Sohne, und ich, ich
sage zu meinem Schüler Roustan: Mein Kind, bleibe unbekannt; laß Dir das traurige Beispiel Deines Lehrers von Nutzen
sein! Heben Sie diesen Brief auf, Roustan, ich beschwöre Sie
darum. Wenn Sie meinen Rath verschmähen, so werden Sie
ohne Zweifel Erfolge haben, denn noch einmal, Sie haben
Talent, obgleich das Ungestüm der Jugend es noch irreleitet;
aber wenn Sie einmal einen Namen haben, so lesen Sie meinen
Brief wieder, und ich verspreche Ihnen, daß Sie nicht ans Ende
kommen werden, ohne zu weinen. Ihre Familie, Ihr geringes

Vermögen, der Wetteifer der Andern, Alles wird Sie versuchen; aber widerstehen Sie und wissen Sie, daß, was auch geschehen mag, die Dürftigkeit weniger bitter und weniger hart zu ertragen ist als der literarische Ruf.

Wollen Sie aber doch einen Versuch machen? Die Gelegenheit ist schön; der Titel, mit dem Sie mich beehren, gibt sie Ihnen, und Jedermann wird es billigen, daß ein solcher Schüler eine Vorrede zur Sammlung der Schriften seines Lehrers macht. — Loben Sie mich darin nur wegen einer einzigen Sache, aber loben Sie mich wegen derselben so gut Sie können, weil sie löblich und schön ist, nämlich daß ich einiges Talent hatte, aber nicht eilte, es zu zeigen, daß ich ohne zu schreiben das Feuer der Jugend vorübergehen ließ, daß ich in meinem vierzigsten Jahre zur Feder griff und sie vor dem fünfzigsten niederlegte; denn Sie wissen, daß ich diesen Entschluß gefaßt, und daß die Abhandlung über die Erziehung mein letztes Werk sein soll, wenn ich auch noch fünfzig Jahre leben würde. Zwar habe ich bei Ney*) eine „Abhandlung über den Gesellschaftsvertrag", von der ich noch mit Niemand gesprochen habe, und die vielleicht erst nach der „Erziehung" erscheinen wird, aber sie geht dieser in der Zeit um eine beträchtliche Zahl von Jahren vor. Machen Sie also diese Vorrede, und dann Predigten und nie etwas Anderes. Ueberdies seien Sie ein guter Vater, ein guter Gatte, ein guter Pastor, ein guter Bürger, ein in jeder Beziehung einfacher Mensch und nichts weiter, und ich verspreche Ihnen ein glückliches Leben. Abieu, Roustan; das ist der Rath Ihres Lehrers und Freundes im Angesichte des Todes, in dem Augenblick, wo selbst Diejenigen die Wahrheit sagen, die sie nicht geliebt haben. Abieu.

An Huber.
Montmorency, den 24. December 1761.

Als ich Ihren Brief und Ihre Idyllen erhielt, mein Herr, litt ich unter dem Anfall des grausamsten körperlichen Uebels.

---
*) Rousseau's Verleger in Amsterdam.

Nachdem ich den Brief gelesen hatte, öffnete ich maschinenmäßig das Buch, indem ich es sogleich wieder zuzumachen gedachte; aber ich machte es nicht eher zu, als bis ich es ganz durchgelesen hatte, und ich legte es neben mich, um es noch einmal zu lesen. Das ist die strenge Wahrheit. Ich fühle, daß Ihr Freund Geßner ein Mann nach meinem Herzen ist, woraus Sie auf mein Urtheil über einen Uebersetzer und Freund, durch den allein ich ihn kennen lernte, schließen können. Besonders bin ich Ihnen unendlich dankbar dafür, daß Sie es gewagt haben, unserer Sprache dieses dumme, gezierte Wesen abzunehmen, das den Bildern alle Wahrheit und den Gefühlen alles Leben raubt. Diejenigen, welche die Natur schmücken und verschönern wollen, sind Leute ohne Seele und ohne Geschmack, die niemals ihre Schönheit erkannt haben. Seit sechs Jahren führe ich in meiner Zurückgezogenheit ein Leben, welches dem des Menalk und Amyntas ziemlich ähnlich ist, abgesehen von dem Guten, welches ich wie sie liebe, aber nicht thun kann, und ich kann Ihnen versichern, mein Herr, daß ich in diesen sechs Jahren mehr gelebt habe, als in allen andern zusammen. Nun haben Sie in mir den Wunsch erregt, noch einen Frühling zu sehen, um mit Ihren prächtigen Hirten neue Spaziergänge zu machen, mit ihnen meine Einsamkeit zu theilen und ländliche Asyle wiederzusehen, die denen, welche Herr Geßner und Sie so gut beschrieben haben, nicht nachstehen. Grüßen Sie ihn von mir, ich bitte Sie inständig darum, und empfangen Sie auch meinen Dank und meinen Gruß.

Wollen Sie wohl, mein Herr, wenn Sie nach Zürich schreiben, meine besten Empfehlungen an Herrn Usteri ausrichten? Ich habe von ihm einen Brief, den ich nicht müde werde wieder und wieder zu lesen, und welcher Erzählungen von einem Bauern*) enthält, der vernünftiger, tugendhafter und weiser ist als alle Philosophen der Welt. Es thut mir sehr leid, daß er mir den Namen dieses achtungswerthen Mannes nicht

---

*) Es war dies Jakob Gujer, genannt Kly Jogg (kleiner Jakob), im Dorf Uster. Dr. Hirzel nahm ihn zum Vorbild für seinen „Bauernsokrates".

genannt hat. Ich wollte ihm eine etwas lange Antwort schreiben, aber mein kläglicher Zustand hat mich bis jetzt daran verhindert.

An die ökonomische Gesellschaft in Bern.
Montmorency, den 29. April 1762.

Sie sind weniger unbekannt, meine Herren, als Sie denken, und es muß Ihrer Gesellschaft nicht an Berühmtheit in der Welt fehlen, da Ihr Ruf bis zu dem Asyle eines Mannes gelangt ist, der gar keinen Verkehr mehr mit den Leuten der Literatur hat. —

So schön jedoch Ihr Plan ist und was für Talente Sie besitzen, um ihn auszuführen, so dürfen Sie sich doch nicht schmeicheln, einen Erfolg zu erringen, der ganz Ihren Absichten entspricht. Die Vorurtheile, welche nur aus dem Irrthum stammen, können zerstört werden, aber diejenigen, welche auf unsre Laster gegründet sind, werden nur mit diesen fallen. Sie wollen damit beginnen, den Menschen die Wahrheit zu lehren, um sie tugendhaft zu machen, und man müßte sie im Gegentheil erst tugendhaft machen, damit sie die Wahrheit lieben lernten. Die Wahrheit hat fast nie etwas in der Welt ausgerichtet, weil die Menschen stets mehr nach ihren Leidenschaften handeln als nach ihrer Einsicht, und das Schlechte thun, während sie das Gute billigen. Das Zeitalter, in dem wir leben, gehört zu den aufgeklärtesten, selbst in der Moral: gehört es deshalb zu den besten? Die Güter sind zu Nichts gut; ich sage dasselbe von den Akademien und literarischen Gesellschaften; man gibt dem, was darin Nützliches ist, nur eine unfruchtbare Zustimmung. Würde nicht sonst die Nation, welche einen Fénélon, einen Montesquieu, einen Mirabeau*) hervorgebracht hat, die am besten geleitete und die glücklichste der Erde sein? Ist sie mehr werth seit den Schriften dieser großen

---

*) Der Vater des berühmten Honoré Gabriel Mirabeau. Von einer seiner Schriften bekam er den Namen „der Freund der Menschen". Gegen seine Familie war er aber der ärgste Tyrann.

Männer, und ist nach sichern Grundsätzen ein einziger Mißbrauch aufgehoben worden? Schmeicheln Sie sich nicht, mehr zu bewirken, als sie bewirkt haben. Nein, meine Herren, Sie können die Völker unterrichten, aber Sie werden sie weder besser, noch glücklicher machen. Was mich auf meiner kurzen literarischen Laufbahn mit am meisten entmuthigt hat, war das Gefühl, daß ich selbst bei der Voraussetzung, ich besäße alle dazu nöthigen Talente, fruchtlos unheilvolle Irrthümer angreifen würde, und daß, selbst wenn ich sie besiegen könnte, es darum nicht besser hergehen würde. Manchmal habe ich meine Leiden beschwichtigt, indem ich meinem Herzen genug that, aber ohne mich je über die Wirkung meiner Bemühungen zu täuschen. Viele haben mich gelesen, Einige haben mir sogar beigestimmt, und Alle sind, wie ich voraussah, geblieben, was sie zuvor waren. Meine Herren, Sie werden besser und mehr sprechen, aber Sie werden keinen bessern Erfolg haben und anstatt des öffentlichen Wohls, das Sie suchen, werden Sie nur den Ruhm finden, den Sie zu fürchten scheinen.

Wie dem sein mag, ich kann nicht unempfindlich sein für die Ehre, die Sie mir erweisen, mich durch Ihre Korrespondenz einigermaßen so edlen Arbeiten zu associiren. — Aber ohne nach den Preisen zu streben, die Ihre Freigebigkeit aussetzt, wird die Ehre, von Ihnen geachtet zu werden, immer von sehr großem Werth für mich sein, und um mit dem zu beginnen, was Sie von mir verlangen, will ich Ihnen sagen, daß Ihr Plan, obgleich er sehr gut entworfen ist, mir die Idee etwas zu allgemein aufzustellen und zu sehr auf metaphysische Untersuchungen auszugehen scheint, da es doch nach Ihrer eigenen Ansicht nützlicher sein würde, sich auf lokale, specielle und praktisch anwendbare zu beschränken. Was Ihre Fragen betrifft, so sind sie sehr schön; die dritte besonders („Welches Volk war das glücklichste?") gefällt mir sehr und würde mich am meisten zum Schreiben reizen. In der ersten, wo Sie fragen, welches die Mittel sind, um ein Volk der Korruption zu entziehen, scheint mir das Wort „Korruption" etwas vag zu sein und die Frage fast unbestimmt zu machen; auch mußte man vielleicht zuvor fragen, ob es solche Mittel gibt, denn daran kann man wenigstens zweifeln.

Wenn ich Ihre zweite Frage zu behandeln hätte („Gibt es ehrwürdige Vorurtheile, gegen deren öffentliche Bekämpfung ein guter Bürger Gewissensbedenken haben muß?"), so würde ich mich, das kann ich Ihnen nicht verhehlen, mit Plato für die Bejahung entscheiden, was wohl nicht Ihre Absicht bei der Aufstellung derselben war. Machen Sie es wie die französische Akademie, welche die Entscheidung vorschreibt, die man ergreifen muß, und sich wohl hütet, Fragen als Probleme aufzustellen, vor deren wahrheitgemäßer Beantwortung sie Furcht hat.

Die dritte („Durch welche Mittel könnte man die Verbindungen und die Freundschaft zwischen den Bürgern der verschiedenen Republiken, welche die schweizerische Eidgenossenschaft bilden, noch mehr befestigen?") ist die nützlichste wegen der lokalen Anwendung, von der ich oben gesprochen habe. Sie bietet ein inhaltreiches Thema. Aber nur ein Schweizer oder Jemand, der die physische, politische und moralische Konstitution des helvetischen Organismus von Grund aus kennt, könnte sie mit Erfolg beantworten.

An Herrn von Malesherbes*).

Montmorency, den 7. Mai 1762.

Es gebührt sich, mein Herr, Ihnen dafür zu danken, daß Sie so schwache Huldigungen nicht verschmähen; ich möchte sie gern würdiger machen, Ihnen dargebracht zu werden. Ich glaube Sie in Betreff dieser letzten Schrift von einer Handlung des Herrn Rey benachrichtigen zu müssen, welche wenig Beispiele bei den Buchhändlern hat und ihn der Gefälligkeiten würdig erscheinen lassen wird, mit denen Sie mich beehren.

---

*) Damals Präsident der Steuerkammer; er hatte zugleich die Direktion des Buchhandels und die Aufsicht über die Presse. Er war freisinnig und ließ unter seiner Adresse Rousseau die Korrekturbogen von seinen in Holland gedruckten Schriften zukommen. Minister und Vertheidiger Ludwigs XVI., wurde er am 22. April 1794 guillotinirt.

Aus Dankbarkeit für den Gewinn, den er, wie er sagt, durch meine Werke gemacht hat, hat er mir die Urkunde einer lebenslänglichen Rente von 300 Livres für meine Gouvernante übersandt, und zwar ganz aus freiem Entschluß und auf die verbindlichste Weise von der Welt. Ich gestehe Ihnen, daß er mich dadurch für mein ganzes übriges Leben zum Freunde gewonnen hat, und seine Handlung rührt mich um so mehr, da bei dem Zustande, in dem ich mich befinde, meine größte Sorge die Ungewißheit war, in welcher Lage ich diese Arme nach 17 Jahre langer Pflege und Anhänglichkeit zurücklassen würde. Ich weiß, daß Herr Rey keinen guten Ruf in diesem Lande hat, und ich habe mich selbst bei mehr als einer Gelegenheit über ihn zu beklagen gehabt, obgleich nie in Geldfragen, da er in dieser Beziehung seinen Verpflichtungen stets treulich nachgekommen ist. Aber es steht auch fest, daß er in Holland allgemein geachtet ist, und nun liegt, scheint mir, eine authentische Thatsache vor, welche viele vage Beschuldigungen beseitigen muß. Sie haben viel zu lesen, mein Herr, über eine Sache, von der mein Herz voll ist, aber das Ihrige ist zum Mitgefühl geschaffen, und Sie werden mir verzeihen.

An Herrn Moultou.

Montmorency, den 30. Mai 1762.

— — Sie, der Sie sagen, daß man mir in Genf so wohl will, antworten Sie mir über das Faktum, welches ich Ihnen jetzt vorlege. Es gibt keine Stadt in Europa, deren Buchhändler nicht mit dem größten Eifer Bestellungen auf meine Schriften machten. Genf ist die einzige, wo Rey kein Exemplar des Gesellschaftsvertrages absetzen konnte. Nicht ein einziger Buchhändler hat sich damit befassen wollen. Es ist wahr, daß die Einführung dieses Buchs in Frankreich verboten ist, aber gerade deshalb müßte es in Genf aufgenommen werden; denn ich ziehe darin offen die Aristokratie jeder andern Regierung vor. Antworten Sie, lieber Moulton. Was machen Ihre Kinder?

An Denselben.

Montmorency, den 7. Juni 1762.

Ich würde es vermeiden, Sie zu beunruhigen, lieber Moulton, wenn ich glaubte, daß Sie jetzt ruhig seien in Bezug auf mich; aber die Aufregung ist zu stark, als daß nicht ein Gerücht auch zu Ihnen gelangt sein sollte, und ich sehe aus den Briefen, die ich aus den Provinzen erhalte, daß dort die Leute, welche mich lieben, noch mehr für mich fürchten als in Paris. Mein Buch*) ist unter unglücklichen Umständen erschienen. Das Parlament von Paris will, sagt man, um seinen Eifer gegen die Jesuiten**) zu rechtfertigen, auch Diejenigen verfolgen, welche nicht denken wie sie, und der einzige Mensch in Frankreich, der an Gott glaubt, soll das Opfer der Vertheidiger des Christenthums werden. — Ich denke, daß man das Uebel vergrößert, denn ich kann nicht begreifen, nach welchem Gesetze ich, ein Bürger von Genf, dem Parlament von Paris Rechenschaft schulde für ein Buch, welches ich in Holland mit besonderem Privilegium von Seiten der Generalstände habe drucken lassen. Das einzige Vertheidigungsmittel, welches ich anzuwenden gedenke, ist die Nichtanerkennung meiner Richter, aber dieses Mittel wird sie nicht zufrieden stellen, denn ich sehe, daß das Parlament im Vollgefühl seiner höchsten Macht nicht viel von Völkerrecht versteht, und es auch nicht sonderlich respektiren wird gegenüber einem unbedeutenden Privatmann, wie ich bin. Es gibt in allen Körperschaften Interessen, denen die Gerechtigkeit stets untergeordnet wird, und das Parlament kann einen Unschuldigen ebenso füglich verbrennen lassen, wie das Parlament von Toulouse einen rädern läßt***). Es ist wahr, daß die erstere Körperschaft sich immer gerecht und gemäßigt zeigt, wenn kein zu starker Einfluß dem entgegenwirkt; aber wenn dieser Einfluß in meiner Angelegenheit auftritt, wie es wahrscheinlich

---
*) Emil.
**) Die förmliche Aufhebung der Gesellschaft der Jesuiten in Frankreich erfolgte erst 1764.
***) Am 9. März 1762 wurde der unschuldige, von Voltaire so rühmlich vertheidigte Jean Calas in Toulouse von unten auf gerädert.

ist, so werden sie ihm nicht widerstehen. — Da ich entschlossen bin, Niemand zu kompromittiren, so werde ich immer bei meinen Antworten genirt sein und ihnen das schönste Spiel von der Welt geben, mich nach Belieben zu verderben.

Aber, lieber Moultou, wenn mein Wahlspruch*) kein leeres Geschwätz ist, so ist hier die Gelegenheit, mich desselben würdig zu zeigen, und wozu kann ich das bischen Leben, welches mir übrig bleibt, besser anwenden? Wie mich auch die Menschen behandeln mögen, was können sie mir thun, das die Natur und meine Leiden nicht ohnehin bald gethan hätten? Sie können mir ein Leben nehmen, welches mein Zustand mir zur Last macht, aber sie werden mir nicht die Freiheit nehmen; sie mögen thun, was sie wollen, diese werde ich mir bewahren selbst in ihren Fesseln und ihren Mauern. Meine Laufbahn ist beendigt; ich habe sie nur noch zu krönen. Ich habe Gott die Ehre gegeben und für das Wohl der Menschen gesprochen. O Freund! für eine so große Sache wirst Du und werde ich nie zaudern zu leiden. Heute kommt das Parlament wieder zusammen; ich erwarte ruhig, was es über mich beschließen wird.

An Denselben.

Yverdun, den 15. Juni 1762.

Sie haben richtiger geurtheilt als ich, lieber Moultou; der Ausgang hat Ihre Voraussicht gerechtfertigt, und Ihre Freundschaft sah klarer als ich in Betreff der Gefahren, die mir drohten. Nach dem Entschluß, den ich Ihnen in meinem vorigen Briefe mittheilte, wird Sie die Nachricht, daß ich mich jetzt in Yverdun befinde, überraschen; aber ich kann Ihnen sagen, daß ich mich nicht ohne Mühe und nicht ohne sehr gewichtige Erwägungen für einen Schritt entscheiden konnte, der so wenig nach meinem Geschmack war. Ich habe bis zum letzten Moment gewartet, ohne mich erschrecken zu lassen; erst in der Nacht vom 8. auf den 9. überbrachte ein Courier von dem Prinzen von

---

*) Juvenals Worte: „Vitam impendere vero", das Leben der Wahrheit weihen.

Conti *) der Frau von Luxembourg Details, welche mich auf
der Stelle zu dieser Entscheidung bewogen. Es handelte sich nicht
mehr um mich allein, sondern um Ehrsame, die in Folge ihrer
Freundschaft zu mir sich in dieser Angelegenheit betheiligt
hatten **), und die, war ich einmal verhaftet, selbst durch
mein Schweigen, da ich nicht lügen wollte, kompromittirt
worden wären. Ich mußte also fliehen, lieber Moultou, und
auf meinem Rückzug, der nicht so leicht war, alle Aengste der
Verbrecher durchmachen, während ich das Parlament hocherfreut über meine Entweichung zurückließ; ich gestattete ihm
ja, mich in aller Bequemlichkeit in contumaciam zu verurtheilen.
Glauben Sie jedoch nicht, daß diese Körperschaft mich hasse,
sie fühlt ihr Unrecht gar wohl, aber da sie über ihre Verfolgung
der Jesuiten der frommen Partei den Mund stopfen wollte,
so würde sie ohne alle Rücksicht auf meinen Zustand mich die
grausamsten Martern haben erdulden lassen. —

Ich bin gestern früh hier angekommen und werde im Gebirge umherschweifen, bis ich ein Asyl finde, das wild genug
ist, um daselbst in Frieden den Rest meines unglücklichen Lebens
hinzubringen. Ein Anderer würde mich vielleicht fragen,
warum ich mich nicht nach Genf zurückziehe, aber mein Freund
Moultou, wenn ich ihn recht kenne, wird gewiß diese Frage
nicht an mich richten; er wird fühlen, daß ein unglücklicher Ge-
ächteter seine Schmach nicht in sein Vaterland tragen darf. —
Geben Sie Niemand meine Adresse; sprechen Sie nicht von
mir und nennen Sie mich nicht mehr. Mein Name sei von der
Erde ausgestrichen! Ach, Moultou, die Vorsehung hat sich getäuscht; warum ließ sie mich unter den Menschen geboren werden,
da sie mich doch in anderer Art machte als diese?

---

*) Louis François, Prinz von Conti, stand seit 1748 in Opposition zu dem
Hofe. Das Schicksal seiner natürlichen Tochter Stephanie Louise, die, ehe sie von
Ludwig XV. für legitim erklärt wurde, von ihren Verwandten in ein Provinzial-
städtchen entführt und an einen rohen, widerwärtigen Menschen verheirathet wurde,
gab Goethe die Anregung zu seinem Drama „Die natürliche Tochter".
**) Auf Veranstaltung des Herrn von Malesherbes war Rousseau's „Emil"
ohne dessen Wissen in Paris nachgedruckt worden.

An den Marschall von Luxembourg.

Yverdun, den 16. Juni 1762.

Endlich habe ich den Fuß in dieses Land der Gerechtigkeit und Freiheit gesetzt, welches ich nie hätte verlassen sollen. Ich kann heute nicht schreiben.... Es war Zeit, daß ich ankam.

Meine Adresse unter Couvert an Herrn Daniel Roguin zu Yverdun in der Schweiz. Die Briefe hierher müssen bis zur Grenze frankirt werden. Entschuldigen Sie, Herr Marschall, ein Wort über Fräulein Levasseur. Ich erwarte Ihren Entschluß, um meinen zu fassen.

An Therese Levasseur.

Yverdun, den 17. Juni 1762.

Mein liebes Kind, Du wirst mit großem Vergnügen erfahren, daß ich in Sicherheit bin. Möchte ich bald erfahren, daß Du Dich wohl befindest und mich immer liebst! Ich war während meiner ganzen Reise mit Dir beschäftigt; ich beschäftige mich gegenwärtig mit der Sorge, uns wieder zu vereinigen. Ueberlege, was Du thun willst, und folge hierin nur Deiner Neigung; denn wie sehr es mir widerstrebt, mich von Dir zu trennen, nachdem wir so lange zusammen gelebt haben, kann ich mich doch darein ergeben, obgleich ich es sehr bedauern würde. Dein Aufenthalt in diesem Lande wird sogar auf Schwierigkeiten stoßen; diese werden mich aber nicht hindern, wenn es Dir gefällt, hierher zu kommen. Frage Dich also selbst, mein liebes Kind, und sieh, ob Du meine Zurückgezogenheit wirst ertragen können. Wenn Du kommst, werde ich mich bemühen, sie angenehm für Dich zu machen, und ich werde auch nach Möglichkeit dafür sorgen, daß Du die Pflichten Deiner Religion so oft erfüllen kannst, als Du es wünschest. Aber wenn Du es vorziehst, zu bleiben, so thue es ohne Bedenken; ich werde doch immer Alles thun, was in meiner Macht steht, um Dir das Leben bequem und angenehm zu machen.

Ich weiß nicht, was jetzt geschieht, aber die Ungerechtigleiten des Parlaments können mich nicht mehr überraschen, und es gibt keine Abscheulichkeiten, auf die ich nicht schon vorbereitet wäre. Mein Kind, verachte mich nicht wegen meines Elends. Die Menschen können mich unglücklich machen, aber nicht schlecht oder ungerecht, und Du weißt besser als irgend Jemand, daß ich nichts gegen die Gesetze gethan habe. —

Ich kann nicht glauben, daß das Parlament, so ungerecht es auch ist, die Gemeinheit begehe, meine armselige Habe zu konfisciren. Wenn es aber geschieht, so komm zu mir, mein Kind, und ich werde über Alles getröstet sein, wenn ich Dich bei mir haben werde. Wenn man, wie ich glaube, ein Auge zudrückt und Dir Alles läßt, so frage die Herren Mathes, Dumoulin, La Roche um Rath, wie Du dasselbe oder doch den größten Theil davon, besonders die Bücher und die schweren Möbel, deren Transportkosten ihren Werth übersteigen würden, loswerden kannst. —

Ich bin noch nicht entschlossen über das Asyl, welches ich in diesem Lande wählen werde. Ich erwarte Deine Antwort, um eine Entscheidung zu treffen; denn wenn Du nicht kommst, so werde ich mich anders einrichten. Adieu, mein liebes Kind! Die Freundlichkeit und die Protektion des Herrn Marschalls und seiner Gemahlin trösten mich ein wenig über die Lage, in der ich Dich zurücklasse; sie werden Dir in der Noth beistehen.

An Herrn Moultou.

Yverdun, den 22. Juni 1762.

Was Sie melden, lieber Moultou, ist kaum glaublich. Was! Verurtheilt, ohne verhört zu werden!*) Und wo ist das Vergehen? Wo sind die Beweise? Genfer, wenn das eure Freiheit ist, so finde ich ihren Verlust wenig bedauernswerth. Wenn man mich vorgeladen hätte, so war ich verpflichtet, zu gehorchen, während ich bei einem Verhaftsbefehl ruhig bleiben

---

*) Die Genfer Regierung ließ 9 Tage nach dem Urtheilsspruch des Pariser Parlaments Rousseau's „Emil" durch den Henker verbrennen und einen Verhaftsbefehl gegen Rousseau ergehen.

kann. Ich werde mich wohl, wenn es an der Zeit ist, selbst stellen, denn ich bin neugierig zu vernehmen, was man gegen mich vorzubringen hat, und ich gestehe, bis jetzt keine Idee davon zu haben; aber für jetzt scheint es mir zweckmäßiger, dem Rath Zeit zur Besinnung zu lassen, damit er besser sieht, was er gethan hat. Uebrigens würde zu fürchten sein, daß bei der gegenwärtigen Aufgeregtheit einige Bürger nicht ohne Murren auf die Behandlung blicken würden, die mir bestimmt ist, und das könnte Erbitterungen wieder hervorrufen, welche für immer erloschen bleiben sollen. Meine Absicht ist nicht, eine Rolle zu spielen, sondern meine Pflicht zu erfüllen.

Ich kann Ihnen nicht verschweigen, lieber Moultou, daß ich Ihr Benehmen in dieser Angelegenheit, obgleich mein Herz davon gerührt ist, nicht billigen kann. Der Eifer, den Sie offen für mich zeigen, nützt mir jetzt gar nichts und schadet mir sehr für die Zukunft, indem er Ihnen selbst schadet. Sie entziehen sich einen Kredit, den Sie zu glücklicherer Zeit sehr nützlich für mich verwenden könnten. Lernen Sie laviren, mein junger Freund, und fahren Sie nie gerade auf die Leidenschaften der Menschen los, wenn Sie diese zur Vernunft bringen wollen. Der Neid und der Haß gegen mich stehen jetzt auf ihrem höchsten Punkte; sie werden abnehmen, wenn das Publikum, nachdem ich lange nicht mehr geschrieben habe, anfangen wird, mich zu vergessen, und man nicht mehr die Wahrheit von mir fürchten wird. Dann, wenn ich noch lebe, können Sie mir einen Dienst erweisen, und man wird Sie hören. —

Meine Reise ist ziemlich gut von statten gegangen, besser, als ich zu hoffen gewagt hätte; aber dieser letzte Schlag ist zu stark, um nicht auf meine Gesundheit einzuwirken. Seit einigen Tagen fühle ich Schmerzen, die mir vielleicht einen Rückfall anzeigen. Es ist Schade, daß ich eine so angenehme Zuflucht nicht in Frieden genießen kann. Ich bin hier bei einem alten und würdigen Beschützer und Wohlthäter, dessen ehrenwerthe und zahlreiche Familie mich nach seinem Beispiel mit Freundschaftsbezeugungen und Liebkosungen überhäuft. Mein guter Freund, wie erquickt es mich, gern gesehen und geliebkost zu werden. Es scheint mir, daß ich nicht mehr unglücklich bin, wenn man mich liebt; das Wohlwollen ist meinem Herzen süß, es entschädigt mich für Alles. Lieber Moultou, es wird vielleicht eine Zeit kommen, wo ich auch Sie an mein Herz drücken kann, und diese Hoffnung läßt mich noch das Leben lieben.

An Denselben.

Motiers-Travers, den 11. Juli 1762.

Vorgestern, lieber Moultou, wurde ich benachrichtigt, daß mir am nächsten Tage der Befehl von Bern kommen würde, das Gebiet der Republik binnen 14 Tagen zu verlassen; man theilte mir zugleich mit, daß dieser Befehl nur mit Bedauern und nur auf das bringende Gesuch des Rathes von Genf*) gegeben worden sei. Ich glaubte, ihm zuvorkommen zu müssen, und ehe dieser Befehl in Yverdun eintraf, war ich schon außerhalb des Berner Gebiets. Seit gestern bin ich hier und schöpfe wieder Athem, bis es den Herren Voltaire und Tronchin gefällt, mich auch von da verjagen zu lassen, was ohne Zweifel bald geschehen wird. Ich habe Ihren Brief vom 7. erhalten; haben Sie meinen vom 6. nicht bekommen? Meine Lage zwingt mich, meine Einwilligung dazu zu geben, daß Sie schreiben, falls Sie es für zweckmäßig halten, vorausgesetzt, daß es auf eine für Sie und für mich passende Weise geschieht, ohne Heftigkeit, ohne Satire, besonders ohne Lobreden, mit Milde und Würde, mit Kraft und Klugheit, kurz, wie es Jemand zukommt, der ein Freund des Unterdrückten, aber noch mehr der Gerechtigkeit ist. Uebrigens will ich dieses Werk nicht sehen, aber ich muß Ihnen sagen, daß es, wenn Sie es so, wie ich denke, ausführen, Ihren Namen unsterblich machen wird, denn Sie müssen sich nennen oder gar nicht schreiben. Allein Sie werden ein verlorener Mann sein. Bedenken Sie das. Adieu, lieber Moultou.

---

*) Genf war damals zwar mit der Eidgenossenschaft verbündet, trat aber erst 1815 als 22. Kanton in sie ein.

An Lord Keith*), Gouverneur von Neuschatel.

Vitam impendere vero. — Juli 1762.

Mylord,

Ein armer Schriftsteller, der aus Frankreich, aus seinem Vaterlande, aus dem Kanton Bern verbannt ist, weil er das sagte, was er für nützlich und gut hielt, kommt und sucht ein Asyl in den Staaten des Königs. Mylord, gewähren Sie es mir nicht, wenn ich schuldig bin; denn ich verlange keine Gnade und glaube sie nicht nöthig zu haben, aber wenn ich nur unterdrückt bin, so ist es Ihrer und Seiner Majestät würdig, mir nicht das Feuer und das Wasser zu verweigern, welches man mir auf der ganzen Erde entziehen will. Ich habe geglaubt, meinen Zufluchtsort und meinen durch mein Unglück zu sehr bekannten Namen angeben zu müssen. Befehlen Sie über mein Schicksal, ich stehe unter Ihren Befehlen; aber wenn Sie mir auch befehlen, in meinem jetzigen Zustande von dannen zu gehen, so ist es mir unmöglich, zu gehorchen, und ich wüßte nicht mehr, wohin ich fliehen sollte.

Geruhen Sie, Mylord, die Versicherung meiner größten Hochachtung zu genehmigen.

An den König von Preußen.

Motiers-Travers, im Juli 1762.

Ich habe viel Uebles von Ihnen gesagt**); ich werde vielleicht noch mehr sagen. Doch aus Frankreich, aus Genf, aus dem Kanton Bern verjagt, komme ich und suche ein Asyl in Ihren Staaten. Es ist vielleicht ein Fehler von mir, daß ich

---

*) Georg Keith, geb. 1685, meistens Lord Marschall genannt (seine Familie hatte das Erbrecht auf die Marschallswürde von Schottland), wurde nach der Schlacht bei Preston, weil er für den Kronprätendenten Jakob die Waffen ergriffen, zum Tode verurtheilt. Er floh nach Spanien, lebte dann in Venedig, bis er zu seinem Bruder Jakob Keith, Feldmarschall in der preußischen Armee (geb. 1696, † 1758 in der Schlacht bei Hochkirch), sich begab. Friedrich der Große ernannte ihn zum Gouverneur von Neuschatel und später zum Gesandten in Spanien. Er starb in seinem Landhause bei Potsdam, 1778, dem Todesjahre Rousseau's.

**) Rousseau hatte auf Friedrich den Großen den Vers gemacht: Er denkt wie ein Philosoph und handelt wie ein König!

das nicht gleich that; diese Lobrede gehört zu denen, deren Sie würdig sind. Sire, ich habe keine Gnade von Ihnen verdient und verlange keine; aber ich habe geglaubt, Ihrer Majestät erklären zu müssen, daß ich in Ihrer Gewalt bin und es sein wollte. Sie kann über mich verfügen, wie es ihr belieben wird.

An Herrn ***.

Motiers, im Juli 1762.

Ich habe meine Mission erfüllt, mein Herr, ich habe gesagt, was ich zu sagen hatte, und ich betrachte meine Laufbahn als vollendet; es bleibt mir nun übrig, zu leiden und zu sterben; der Ort, wo das geschieht, ist mir ziemlich gleichgültig. Es kam vielleicht darauf an, daß unter so vielen lügnerischen und feigen Schriftstellern einer von anderer Art auftrat, der den Menschen die nützlichen Wahrheiten zu sagen wagte, die sie glücklich machen würden, wenn sie darauf hörten. Aber es kam nicht darauf an, daß dieser Mann nicht verfolgt wurde; im Gegentheil! Man würde mich vielleicht anklagen, mein Zeitalter verleumdet zu haben, wenn nicht gerade meine Lebensgeschichte mehr darüber sagte als meine Schriften, und ich bin fast meinen Zeitgenossen für die Mühe verbunden, die sie sich geben, meine Verachtung gegen sie zu rechtfertigen. Man wird deshalb meine Schriften mit mehr Vertrauen lesen. Man wird sogar, und das thut mir leid, erkennen, daß ich oft zu gut von den Menschen gedacht habe. Als ich Frankreich verließ, wollte ich den Staat Europa's, für den ich die meiste Achtung hatte, durch meine Zuflucht ehren, und ich hatte die Einfalt zu glauben, man werde mir für diese Wahl danken. Ich habe mich geirrt; sprechen wir nicht mehr davon. Sie werden sich wohl vorstellen, daß ich nach dieser Probe nicht versucht bin, mich hier fester etablirt zu glauben. Ich will Ihrem Lande noch die Ehre erweisen, zu denken, daß die Sicherheit, welche ich nicht in ihm fand, sich nirgends für mich finden wird. Wenn Sie also wollen, daß wir uns hier sehen, so kommen Sie, so lange man mich noch hier läßt; ich werde mich innig freuen, Sie zu umarmen.

Was Sie, mein Herr, und Ihre achtungswerthe Gesellschaft betrifft, so hege ich in dieser Beziehung noch ganz dieselbe Gesinnung als damals, wo ich Ihnen von Montmorency aus schrieb*). Ich werde mich immer wahrhaft für den Erfolg Ihres Unternehmens interessiren, und wenn ich nicht den unerschütterlichen Entschluß gefaßt hätte, nicht mehr zu schreiben (es müßte denn sein, daß mich die Wuth meiner Verfolger zwänge, die Feder noch einmal zu meiner Vertheidigung zu ergreifen), so würde ich mir eine Ehre und ein Vergnügen daraus machen, dazu beizutragen. Aber, mein Herr, die Leiden und das Unglück haben mir vollends den geringen Rest von Geisteskraft geraubt; ich bin nur noch ein vegetirendes Wesen, eine umherwandelnde Maschine. Es bleibt mir nur ein wenig Wärme im Herzen, um meine Freunde zu lieben und Diejenigen, welche verdienen, es zu sein; darum würde ich hocherfreut sein, wenn ich das Vergnügen haben könnte, Sie zu umarmen.

An die Gemahlin des Marschalls von Luxembourg.

Motiers-Travers, den 21. Juli 1762.

Ich beeile mich, Ihnen, Frau Marschallin, zu melden, daß Therese gestern in ziemlich guter Gesundheit hier angekommen ist, das Herz voll von neuen Gefühlen, die sie mir mitgetheilt haben würde, wenn die meinigen für Sie noch einer Vermehrung fähig wären. —

Sie haben erfahren, Frau Marschallin, daß ich mich auf das Gebiet des Königs von Preußen geflüchtet habe, wo mir der Lord Marschall von Schottland mit aller Höflichkeit die Erlaubniß ertheilt hat zu bleiben, bis die Befehle des Königs, dem er meine Ankunft gemeldet hat, eintreffen. — Uebrigens ist es der Hanswurst Voltaire und sein Gevatter Tronchin, welche ganz leise hinter dem Vorhang alle Marionetten

---

*) S. den Brief vom 29. April 1762.

in Genf und Bern in Bewegung gesetzt haben; die in Paris werden auch, aber noch geschickter, von einem andern Harlekin dirigirt, der Ihnen wohlbekannt ist. Nun bleibt zu wissen, ob es auch in Berlin Marionetten gibt. Ich bitte Sie um Verzeihung für meine Narrheiten; aber in dem Zustande, in welchem ich bin, muß man sich lustig machen oder erhängen.

Ich habe jüngst dem Herrn Marschall die Kopie eines Briefs geschickt, den ein Mitglied unseres Rathes der Zweihundert über meinen „Gesellschaftsvertrag" geschrieben hat. Da dieser Brief großes Aufsehen erregte, so hat der Verfasser den edlen Beschluß gefaßt, öffentlich für ihn einzustehen. Die Sache kam sofort an das Kriminalgericht, und man ist jetzt im Begriff und vielleicht in Verlegenheit, sie zu verhandeln. Da ich bei alle diesem zu sehr interessirt bin, so errege ich nur Verdacht, indem ich über meine Richter richte; aber ich gestehe, daß die Genfer mir verrückt geworden zu sein scheinen. Wie dem sein möge und was man auch thue, ich werde nichts sagen, ich werde nicht schreiben, ich werde ruhig bleiben; dies Alles scheint mir zu gewaltsam, um lange zu dauern.

Entschuldigen Sie, Frau Marschallin, meine langen Jeremiaden. Vor wem sollte ich mein Herz ausschütten, wenn nicht vor Ihnen? — Nach den Beweisen Ihrer Güte und der des Herrn Marschalls hat Nichts so sehr meine Seele ergriffen als die, welche der Prinz von Conti auch Fräulein Levasseur zukommen zu lassen geruht hat. Und was die Gräfin von Boufflers*) betrifft, so muß man sie anbeten. O, warum sollte ich mich noch über meine Unglücksfälle beklagen? Sie waren für mich nothwendig, um den ganzen Werth der Güter zu empfinden, die mir blieben.

Als Herr La Tour mein Porträt stechen lassen wollte, habe ich mich dem widersetzt; ich gebe jetzt meine Einwilligung dazu, wenn Sie die Zeit für passend halten, vorausgesetzt, daß man statt meines Namens meinen Wahlspruch darunter setzt; nunmehr bin ich damit genug genannt.

---

*) Sie war die Geliebte des Prinzen von Conti.

An Herrn Marcet.

Vitam impendere vero.

Ihr Brief, mein Herr, über die Pictetsche Angelegenheit, ist voll Verstand; er trifft den Nagel auf den Kopf. Erlauben Sie mir, einige Gedanken hinzuzufügen, um den Stand der Frage vollends festzustellen.

Ist die im Glaubensbekenntniß des savoyischen Vikars enthaltene Lehre der in Genf herrschenden Religion so offenbar zuwider, daß gar keine Frage darüber entstehen konnte, und daß da, wo es sich um die Ehre und das Schicksal eines Bürgers handelte, der Rath nicht einmal nöthig hatte, die Theologen deshalb zu befragen?

Der Vorgang im Parlament von Paris ist ein ganz verschiedener und rechtfertigt das Verfahren des Raths von Genf nicht. Da das Parlament, ich weiß nicht worauf gestützt, behauptete, daß das Buch im Königreich ohne Erlaubniß gedruckt worden sei, so hatte es das Recht, oder glaubte es aus diesem Grunde zu haben, gegen das Buch und dessen Verfasser einzuschreiten. Jedoch gibt Jedermann zu, daß es eine anstößige Unregelmäßigkeit beging, indem es einen Verhaftsbefehl gegen Denjenigen erließ, den es zuvor zum Verhör hätte laden müssen. Wenn dieses Verfahren gesetzlich wäre, so würde die Freiheit jedes rechtlichen Mannes stets der Willkür des ersten besten Buchdruckers preisgegeben sein. — Wenn also das Verfahren des Parlaments von Paris in dieser Beziehung, wie nicht zu bestreiten ist, regelwidrig war, was sollen wir über das Verfahren des Rathes von Genf sagen, der zu dessen Begründung nicht den geringsten Vorwand hat? Zuweilen beeilt man sich, über einen Angeklagten, den man packen kann, ohne Weiteres zu verfügen, aus Furcht, er möge entfliehen; aber warum ihn abwesend verurtheilen, wenn das Vergehen nicht völlig evident ist? Dieses gewaltthätige Verfahren hat weder Grund, noch Vorwand. Wenn das Publikum leichtsinnig urtheilt, so ist es doch keineswegs den Gerichten erlaubt, ihm nachzuahmen, da das Publikum ebenso leicht widerruft als urtheilt, während es die erste Maxime aller Regierungen der Welt ist, lieber Dummheit auf Dummheit zu häufen, als zuzugeben, daß sie eine begangen haben. —

Man druckt alle Tage in Genf katholische Bücher, selbst Streitschriften, ohne daß der Rath gegen die Herausgabe einschreitet. Mit welcher ungerechten Parteilichkeit bestraft man den Genfer Herausgeber eines angeblich heterodoxen Werkes, welches in einem fremden Lande gedruckt worden ist, während man stillschweigt gegenüber den Herausgebern von unzweifelhaft heterodoxen Werken, die in Genf selbst gedruckt worden sind?

Was den **Gesellschaftsvertrag** betrifft, so behauptet der Verfasser dieser Schrift, daß zur guten Einrichtung eines Staates stets eine Religion nothwendig sei. Diese Ansicht mag wohl dem Poeten Voltaire und dem Gaukler Tronchin und deren Satelliten mißfallen, aber nicht deshalb werden sie das Buch öffentlich anzugreifen wagen. Der Verfasser untersucht alsdann, welches die Religion ist, ohne welche kein Staat gut konstituirt sein kann. Es ist wahr, er scheint nicht zu glauben, daß das Christenthum, wenigstens nicht das von heutzutage, diese Staatsreligion sei, welche für jede gute Gesetzgebung unerläßlich ist, und in der That haben viele Leute bisher die Republiken von Sparta und Rom für gut eingerichtet gehalten, obgleich sie nicht an Jesus Christus glaubten. Nehmen wir jedoch an, daß der Verfasser sich hierin geirrt habe, so hat er nur einen Irrthum in der Politik begangen, denn es ist hier von nichts Anderem die Rede. Ich sehe nicht, wo die Ketzerei oder gar das Verbrechen sein soll, was zu bestrafen wäre.

Was die Verfassungsgrundsätze betrifft, welche in diesem Werke aufgestellt werden, so lassen sie sich auf die beiden obersten zurückführen: erstens, daß die Souveränetät immer dem Volke gehört; zweitens, daß die **aristokratische Verfassung die beste von allen ist***). Vielleicht wäre es von großer Wich-

---

*) Diese Ansicht spricht Rousseau in seinen Briefen öfter aus; die Demokratie in einem größeren Staate erklärte er für absolut unmöglich, die ganz reine Demokratie sogar nur für Engel geeignet. Er würde demnach St. Just, Robespierre ꝛc. nicht als seine Nachfolger anerkannt haben, obwohl sie sich dafür ausgaben.

tigkeit für das Volk von Genf und selbst für seine Obrigkeit, genau zu wissen, weshalb man dieses Buch tadelnswerth und dessen Verfasser strafbar findet. Wenn ich Generalprokurator der Republik Genf wäre, und ein Bürger, wer er auch sein möchte, wagte es, die in diesem Werke aufgestellten Grundsätze zu verdammen, so würde ich ihn nöthigen, sich klar darüber auszusprechen, oder ihn als Vaterlandsverräther und Majestätsverbrecher gerichtlich verfolgen.

Man beharrt indessen dabei zu sagen, daß ein geheimer Beschluß des Rathes gegen J. J. Rousseau existire, und daß man sogar seine Anverwandten, die ein Gesuch um Mittheilung desselben eingereicht, abschläglich beschieden habe. Dieses im Finstern schleichende Verfahren ist erschreckend; es ist unerhört bei allen Gerichtshöfen der Welt, den der Staatsinquisitoren von Venedig ausgenommen. Wenn es sich je in Genf festsetzte, so würde es besser sein, als Türke auf die Welt zu kommen, denn als Genfer. —

An Herrn Moultou.

Motiers, den 16. August 1762.

— Wenn unser Freund in meinem Herzen läse, so würde er nicht über mein Stillschweigen besorgt sein. Sagen Sie ihm, daß ich es dem Schreiben vorziehen würde, ihn zu umarmen, wenn er mir Wort halten kann, ohne sich zu kompromittiren, und ohne daß man weiß, wohin er geht. Sein Vorhaben, mich zu widerlegen, ist vortrefflich und kann sogar sehr nützlich und sehr ehrend für mich sein. Es ist gut, wenn man sieht, daß er mich zugleich bekämpft und liebt; es ist gut, wenn man erfährt, daß meine Freunde nicht aus Parteigeist an mir hängen, sondern aus aufrichtiger Liebe zur Wahrheit, die uns alle vereinigt. —

Welche abscheuliche Lehre liegt dieser Anklageschrift*) zu Grunde! Sie zerstört jedes gemeinschaftliche Princip der Gesellschaft zwischen den Gläubigen und den andern Menschen. Nach

---

*) Des Parlaments von Paris.

dieser Lehre müßten konsequenter Weise Alle, welche nicht Jansenisten*) sind, wie Wölfe verfolgt und niedergemetzelt werden. —

Da mich übrigens die Erfahrung gelehrt hat, in jeder Beziehung auf das Schlimmste gefaßt zu sein, so kann mir nichts Unangenehmes mehr begegnen, worauf ich nicht vorbereitet wäre. Doch ist es wahr, daß ich in dieser Angelegenheit die öffentliche Dummheit größer gefunden habe, als ich erwartete; denn was kann komischer sein als das Schauspiel, wie die Frommen sich zu Trabanten Voltaire's und der Philosophenpartei machen und die protestantischen Geistlichen zu Häschern für die katholische Priesterschaft? Die Bosheit überrascht mich nicht mehr, aber ich gestehe Ihnen, daß die Dummheit, bis zu diesem Punkte getrieben, mich noch in Erstaunen setzt. Adieu, Freund; ich umarme Sie.

An die Gräfin von Boufflers.

Motiers-Travers, im August 1762.

Ich habe Ihre beiden Briefe erhalten, Madame, nebst dem Auszug eines P. S. von Herrn Hume. Die Achtung dieses einzigen Mannes löscht alle Beschimpfungen aus, mit denen man mich überhäuft. Herr Hume war der Mann nach meinem Herzen, selbst bevor ich das Glück hatte, Sie zu kennen, und die Gefühle, die Sie für ihn hegen, haben noch die meinigen erhöht; er ist der wahrhafte Philosoph, den ich kenne, und der einzige Geschichtschreiber, der mit Unparteilichkeit geschrieben hat. Er hat die Wahrheit nicht mehr geliebt als ich, das wage ich zu glauben; aber ich habe die Leidenschaft mit ihrer Erforschung verbunden, und er nur seine tiefe Einsicht und sein herrliches Genie. Die Eigenliebe hat mich oft gerade durch meine Abneigung gegen die Lüge irregeführt; als Republikaner haßte ich den Despotismus, als Theist die Intoleranz. Herr

---

*) Anhänger der Augustinischen Lehre von der Gnadenwahl.

Hume hat einfach gesagt: So handelt die Intoleranz, und so handelt der Despotismus. Er hat den Gegenstand von allen Seiten gesehen, während mich die Leidenschaft denselben nur von Einer Seite sehen ließ. Er hat die Irrthümer der Menschen gemessen und berechnet wie ein über der Menschheit stehendes Wesen. Ich habe hundertmal gewünscht, England zu sehen, und wünsche es noch, theils wegen des Landes und theils um mich mit ihm zu unterhalten und seine Freundschaft zu genießen, deren ich mich nicht unwürdig glaube. Aber dieses Projekt wird von Tag zu Tag weniger ausführbar, und die große Entfernung genügt allein, das zu bewirken, zumal wegen des Umwegs, den ich machen müßte, da ich nicht durch Frankreich reisen kann.

Wie, Madame! Ich, der nicht ohne Schauder den Anblick einer Pariser Straße erleiden kann, ich, der vor Traurigkeit sterben würde, wenn vor meinem Fenster keine Wiesen, keine Gebüsche, keine Bäume mehr zu sehen wären, ich sollte mich jetzt in London einquartieren? In meinem Alter und in meinem Zustande sollte ich am Hofe mein Glück zu machen suchen und mich unter das Bedientenpack drängen, welches die Minister umgibt? Nein, Madame, ich kann in Verlegenheit kommen, wo ich den Rest meines Leben hinbringen soll, das länger dauert, als ich erwartet habe; allein was auch kommen möge, dieser Rest wird nicht so schlecht angewendet werden. Ich habe mich für meine Ruhe nur zu sehr sehen lassen; ich werde erst dann anfangen, wahrhaft mich selbst zu genießen, wenn man nicht mehr wissen wird, daß ich existire, und bei dieser Denkart sehe ich nicht ein, wie mir der Aufenthalt in England möglich sein würde. — Ich habe mir gegen die englische Nation eine Freiheit genommen, die sie Niemand verzeiht, besonders keinem Fremden, nämlich ebensowohl ihre schlechten Eigenschaften zu schildern als ihre guten, und Sie wissen, daß man ein Einfaltspinsel sein muß, um sich in England anzusiedeln, wenn man beim englischen Volke mißliebig ist. Ich zweifle nicht daran, daß ich in Folge meines letzten Buches dort verabscheut werde, wäre es auch nur wegen meiner Bemerkung über das good natured people. Sie würden mich verbinden, Madame, wenn Sie Erkundigungen darüber einziehen könnten, wie es in dieser Beziehung steht.

An Lord Keith.

Motiers-Travers, im August 1762.

Mylord!

Es ist ganz gerecht, daß ich Ihnen die Erlaubniß verdanke, die mir der König zum Aufenthalt in seinen Staaten ertheilt, denn Sie machen mir dieselbe so werthvoll, und wenn sie mir versagt worden wäre, hätten Sie sich vorwerfen können, meine Abreise in eine Verbannung verwandelt zu haben. Was die Verpflichtung betrifft, die ich mit mir selbst eingegangen bin, nicht mehr zu schreiben, so ist das, hoffe ich, keine Bedingung, die Seine Majestät für das Asyl zu stellen gedächte, welches sie mir gewähren will. Ich verpflichte mich blos, aber von ganzem Herzen, gegen Seine Majestät und Ihre Excellenz, in meinen Schriften und in meinem Betragen, wie ich es immer gethan habe, die Gesetze, den Fürsten, die rechtschaffenen Leute und alle Pflichten der Gastfreundschaft zu respektiren. Im Allgemeinen schätze ich nur wenige Könige hoch, und ich liebe die monarchische Regierungsweise nicht; aber ich habe die Regel der Zigeuner befolgt, welche bei ihren Exkursionen immer die Gegend, wo sie wohnen, zu verschonen pflegen. Während ich in Frankreich lebte, hat Ludwig XV. keinen besseren Unterthan gehabt als mich, und sicherlich wird man an mir nicht weniger Treue wahrnehmen gegenüber einem Fürsten, der von ganz anderem Stoffe ist. Aber was meine Denkart im Allgemeinen betrifft, so ist sie mein Eigenthum, da ich als Republikaner und frei geboren bin, und so lange ich sie nicht in dem Staate verbreite, wo ich wohne, so bin ich dem Souverän keine Rechenschaft darüber schuldig; denn er ist für das, was außerhalb seines Gebietes geschieht, kein kompetenter Richter über einen Menschen, der nicht als sein Unterthan geboren ist. Das sind meine Ansichten, Mylord, und meine Grundsätze. Ich bin nie von ihnen abgegangen und werde nie von ihnen abgehen. Ich habe Alles gesagt, was ich zu sagen hatte, und ich liebe die Wiederholungen nicht. Ich habe also versprochen und verspreche es, nicht mehr zu schreiben, aber noch ein Mal: ich habe es nur mir selbst versprochen. —

An Herrn de Montmollin.
       Motiers, den 24. August 1762.

Die Achtung, die ich für Sie fühle, und meine Pflicht als Ihr Pfarrkind bewegt mich, Ihnen, bevor ich dem Tische des Herrn nahe, eine Erklärung über meine Glaubensmeinungen abzugeben. Diese Erklärung ist nothwendig wegen des seltsamen Vorurtheils, welches man in Folge einer verleumberischen Anklageschrift, deren verabscheuungswerthe Grundsätze man nicht bemerkt, gegen eine meiner Schriften gefaßt hat.

Es ist betrübend, daß die Diener des Evangeliums sich bei dieser Gelegenheit zu Rächern der römischen Kirche machen, deren unduldsame und blutdürstige Dogmen allein in meinem Buche angegriffen und zerstört werden; sie folgen also ohne Prüfung einer verdächtigen Autorität, ohne mich gehört, ja ohne mein Buch gelesen zu haben. Da Sie sich nicht in dem letzteren Falle befinden, so erwarte ich von Ihnen ein gerechteres Urtheil. Wie dem sei, das Werk selbst enthält alle Aufklärungen, und ich überlasse es so, wie es ist, dem Tadel oder der Zustimmung der Verständigen, ohne es zu vertheidigen oder zu besavouiren.

Indem ich mich also auf das, was meine Person betrifft, beschränke, so erkläre ich Ihnen achtungsvoll, daß ich mich seit meiner Wiedervereinigung mit der Kirche, in der ich geboren wurde, zu dem reformirten christlichen Glauben stets ganz offen bekannt habe; auch verlangte man von mir in dem Lande, wo ich lebte, nicht, daß ich darüber schweige oder es zweifelhaft erscheinen lasse, um staatliche Vortheile zu genießen, von denen ich durch meine Religion ausgeschlossen war. In redlicher Ueberzeugung hänge ich dieser wahrhaften und heiligen Religion an und werde es thun bis zu meinem letzten Athemzuge. Ich wünsche auch äußerlich stets mit der Kirche vereinigt zu sein, wie ich es im Grunde meines Herzens bin, und wie trostreich es für mich sein wird, an der Kommunion der Gläubigen Theil zu nehmen, so wünsche ich es doch, das bezeuge ich Ihnen, ebenso sehr zu ihrer Erbauung und zur Ehre der Kirche als zu meinem eigenen Heil; denn es ist nicht gut, wenn man meint, ein redlicher, aber denkender Mensch könne nicht ein Angehöriger von Jesus Christus sein. —

An die Gräfin von Boufflers.

Den 30. Oktober 1762.

— Ich bin weit davon entfernt, die Güte des Königs von Preußen zu verkennen*); im Gegentheil, sie verstärkt noch ein sehr wohlthuendes Gefühl, nämlich die Zuneigung, welche ich zu diesem großen Fürsten gefaßt habe. Was den Gebrauch betrifft, den ich von seinem Anerbieten machen werde, so drängt ja noch Nichts zum Entschlusse, und ich habe Zeit, darüber nachzudenken. Ich komme jetzt zu dem letzten Artikel in Ihrem Briefe, aber hier geht mir fast das Verständniß aus. Die städtische Behörde von Neuschatel verbot mein Buch, die Geistlichkeit klagte es an, der Staatsrath stand auf dem Punkte, es für den ganzen Staat zu verbieten und vielleicht gegen meine Person einzuschreiten; aber die Befehle des Lord Marschalls und die erklärte Protektion des Königs geboten ihm Halt, und man mußte mich in Ruhe lassen. Unterdessen kam die Zeit der Kommunion heran, und diese Epoche mußte entscheiden, ob ich von der protestantischen Kirche getrennt war oder nicht. Da ich mich nicht einer öffentlichen Schmach aussetzen und ebenso wenig die mir vorgeworfene Abtrünnigkeit durch mein Wegbleiben stillschweigend bestätigen wollte, so faßte ich den Entschluß, an den Pastor meiner Gemeinde zu schreiben. Wie groß war mein Erstaunen und meine Freude, als am folgenden Tage Herr de Mont-

---

*) Lord Keith hatte an die Gräfin von Boufflers geschrieben, sie möge Rousseau zu bewegen suchen, eine Pension von Friedrich dem Großen anzunehmen.

mollin bei mir erschien und mir erklärte, daß er nicht blos seine Zustimmung gebe, sondern mich auch im Namen des ganzen Konsistoriums darum bäte, zur Erbauung der Gemeinde, die mich achte, an der heiligen Kommunion Theil zu nehmen! Wir hatten hierauf einige Besprechungen, in denen ich ihm meine Ansichten offen darlegte, beinahe so, wie es im Glaubensbekenntniß des Vikars geschehen ist. Ich versicherte ihn meiner beständigen Anhänglichkeit an das Evangelium und das Christenthum, verhehlte ihm aber dabei meine Zweifel und Bedenken nicht. Er seinerseits, durch meine Bücher mit meinen Ansichten bekannt, vermied klug die Punkte der Lehre, die mich hätten abschrecken oder ihn kompromittiren können; er sprach das Wort „Widerruf" nicht einmal aus, bestand auf keiner Erklärung, und wir trennten uns in aller Zufriedenheit. Seitdem habe ich den Trost gehabt, als Mitglied seiner Kirche anerkannt zu werden. Man muß unterdrückt und krank sein und an Gott glauben, um zu fühlen, wie süß es ist, unter seinen Brüdern zu leben. Herr de Montmollin ließ zu seiner Rechtfertigung meinen Brief cirkuliren. Er hatte in Genf eine Wirkung, welche die Voltairianer zur Verzweiflung brachte und ihre Wuth verdoppelte. Eine Menge Genfer kamen nach Motiers, umarmten mich mit Freudenthränen in den Augen und nannten laut Herrn de Montmollin ihren Wohlthäter und Vater. Es ist jedoch wahr, daß viele Geistliche unzufrieden sind. So zu sagen war ja das Glaubensbekenntniß des Vikars in allen Punkten von einem ihrer Kollegen gebilligt; das konnten sie nicht verdauen. Die Einen murrten, die Andern drohten zu schreiben; Alle wollten absolut einen Widerruf und Erklärungen von mir, die sie nie bekommen werden. — Sie fügen hinzu, Madame, daß ich andere Umstände hätte abwarten sollen, um meine Religion zu bekennen; Sie haben sagen wollen: um fortzufahren sie zu bekennen. Ich habe vielleicht schon zu lange gewartet, und zwar aus einem gewissen Stolze, den ich nicht ablegen kann. Ich habe keinen Schritt gethan, so lange die Geistlichen mich verfolgt haben; aber sowie ich unter dem Schutze des Königs stand, und sie nichts mehr gegen mich ausrichten konnten, da habe ich meine

Pflicht gethan oder das, was ich dafür hielt. Ich erwarte, daß Sie mir angeben, worin ich geirrt habe.

Ich sende Ihnen den Auszug eines Zwiegesprächs des Herrn von Voltaire mit einem Arbeiter aus diesem Lande. Ich habe dieses Zwiegespräch nach dem Bericht des Herrn de Montmollin, der es aus dem Munde des Arbeiters vernahm, aus dem Gedächtniß niedergeschrieben. Es ist also möglich, daß nicht Alles durchaus genau wiedergegeben ist, aber die Grundzüge sind getreu, denn sie haben Herrn de Montmollin frappirt; er hat sie sich gemerkt, und Sie glauben wohl, daß ich sie nicht vergessen habe. Sie werden daraus sehen, daß Herr von Voltaire den Schritt nicht abwartete, über den Sie sich beklagen, um mich der Heuchelei zu beschuldigen.

Voltaire.

Ist es wahr, daß Sie aus der Grafschaft Neufchatel sind?

Der Arbeiter.

Ja, mein Herr.

Voltaire.

Sind Sie aus Neufchatel selbst?

Der Arbeiter.

Nein, mein Herr, ich bin aus dem Dorf Butte.

Voltaire.

Butte? Ist das weit von Motiers?

Der Arbeiter.

Eine gute Stunde.

Voltaire.

Ihr habt in Eurem Lande einen Menschen, der saubere Streiche gemacht hat!

Der Arbeiter.

Wer ist denn der, mein Herr?

Voltaire.

Ein gewisser Jean Jacques Rousseau. Kennen Sie ihn?

Der Arbeiter.

Ja, mein Herr; ich habe ihn einmal in Butte gesehen, im Wagen des Herrn de Montmollin, der mit ihm spazieren fuhr.

Voltaire.

Wie? Dieser Plattfuß fährt in einer Kutsche? Er ist wohl recht stolz?

Der Arbeiter.

O, mein Herr, er geht auch viel zu Fuß. Er läuft wie eine magere Katze und klettert auf alle Berge.

Voltaire.

Er kann wohl einmal auf eine Leiter klettern. In Paris hätte man ihn gehängt, wenn er nicht entwischt wäre, und man wird es hier thun, wenn er hierher kommt.

Der Arbeiter.

Gehängt, mein Herr! Er sieht doch so gutmüthig aus! Ei, mein Gott, was hat er denn gethan?

Voltaire.

Er hat abscheuliche Bücher gemacht; er ist ein Gottloser, ein Atheist!

Der Arbeiter.

Sie überraschen mich; er geht doch alle Sonntage in die Kirche!

Voltaire.

Ah, der Heuchler! Und was sagt man von ihm in Ihrer Gegend? Sieht ihn Jemand gern?

Der Arbeiter.

Alle Welt, mein Herr! Jedermann liebt ihn; er ist überall willkommen, und man sagt, daß auch der Lord Marschall äußerst freundlich gegen ihn ist.

Voltaire.

Der Lord Marschall kennt ihn noch nicht; Sie desgleichen. Warten Sie nur noch zwei oder drei Monate, und Sie werden den Menschen kennen. Die Leute von Montmorency, wo er wohnte, haben Freudenfeuer angezündet, als er ausgerissen war, um nicht gehängt zu werden. Das ist ein Mensch ohne Treue, ohne Ehre, ohne Religion.

Der Arbeiter.

Ohne Religion, mein Herr? Aber man sagt, Sie hätten selbst nicht viel!

Voltaire.

Wer? Ich? Großer Gott! Und wer sagt denn das?

Der Arbeiter.

Alle Welt, mein Herr.

Voltaire.

Ach, welche schändliche Verleumdung! Ich, der bei den Jesuiten studirt hat*), ich, der von Gott besser als alle Theologen gesprochen hat!

Der Arbeiter.

Aber, mein Herr, man sagt, Sie hätten viele schlechte Bücher geschrieben.

Voltaire.

Man lügt. Man zeige mir ein einziges, welches meinen Namen trägt, von der Art wie diejenigen, welche mit dem Namen dieses Subjekts versehen sind!

An den König von Preußen.

Sire! Vom 30. Oktober 1762.

Sie sind mein Beschützer und mein Wohlthäter, und ich habe ein Herz, welches für die Dankbarkeit geschaffen ist; ich will meiner Verpflichtung Genüge thun, wenn ich es kann.

Sie wollen mir Brod geben; ist unter Ihren Unterthanen keiner, dem es daran fehlt? Entziehen Sie meinen Blicken diesen Degen, der mich blendet und verwundet; er hat seine Pflicht nur zu sehr gethan, und das Scepter ist verlassen. Die Laufbahn ist groß für die Könige von Ihrem Stoffe, und Sie sind noch weit vom Ziel; doch die Zeit drängt, und Sie haben nicht einen Augenblick zu verlieren, um es zu erreichen.

Könnte ich Friedrich, den Gerechten und Gefürchteten, seine Staaten mit einem zahlreichen Volke erfüllen sehen, dessen Vater er ist, und J. J. Rousseau, der Feind der Könige, wird hingehen, um am Fuße seines Thrones zu sterben!

An Lord Keith.

Motiers, den 1. November 1762.

— Ich glaube nicht nöthig zu haben, Ihnen zu sagen, wie sehr mich die Güte des Königs rührt, aber damit Sie die Wir-

---

*) Voltaire wurde im Collège Ludwigs XIV., das von Jesuiten geleitet wurde, erzogen.

kung Ihrer und seiner Güte besser erkennen, muß ich Ihnen gestehen, daß ich ihn früher nicht liebte, oder man hatte mich vielmehr getäuscht; ich haßte einen Andern unter seinem Namen. Sie haben mir ein ganz neues Herz gemacht, aber ein probehaltiges Herz, welches sich weder gegen ihn, noch gegen Sie verändern wird.

Ich habe für zwei oder drei Jahre zu leben, und nie habe ich die Vorsorge so weit getrieben; aber stände ich auch auf dem Punkte, Hungers zu sterben, so würde ich doch lieber Gras kauen und Wurzeln abnagen, als bei der gegenwärtigen Lage dieses guten Fürsten, dem ich gar nichts nützen kann, ein Stück Brod von ihm annehmen. Eher möchte ich ohne sein und der Welt Wissen mein Scherflein in den Schatz werfen, der ihm so nothwendig ist, und den er so gut zu gebrauchen weiß; nichts hätte mir in meinem Leben mehr Vergnügen gemacht! Lassen wir ihn einen ruhmvollen Frieden schließen, seine Finanzen wiederherstellen und seine erschöpften Staaten neu beleben; dann, wenn ich noch lebe und seine Güte gegen mich noch dieselbe ist, werden Sie sehen, ob ich seine Wohlthaten scheue.

Hierbei, Mylord, erhalten Sie einen Brief, den ich Sie bitte ihm zu senden. Ich weiß, wie groß Ihr Vertrauen zu ihm ist, und ich hoffe, daß Sie nicht an dem meinigen zweifeln; aber was sich gebührt, geht Allem vor. Der Brief darf nur von dem König gelesen werden, es sei denn, er erlaubt es.

Ich schicke Ihrer Excellenz ein Packet, dessen Inhalt anzunehmen Sie geruhen mögen; es sind Früchte aus meinem Garten. Sie sind nicht so süß wie die Ihrigen; ihr Boden ist auch nur mit Thränen benetzt worden.

An Herrn Moultou.

Motiers, den 25. November 1762.

— Ueber Eins muß ich mich erklären. Sie müssen in meinen Briefen viele Ungleichheiten bemerkt haben; das kommt daher, weil es viele in meiner Gemüthsstimmung gibt, und ich verberge sie vor meinen Freunden nicht. Aber mein Betragen richtet sich nicht nach meiner Gemüthsstimmung, es hat eine beständigere Regel; in meinem Alter ändert man sich nicht mehr. Ich werde sein, was ich gewesen bin. Nur in Einer Hinsicht finde ich eine Verschiedenheit: bisher habe ich Freunde gehabt, aber jetzt fühle ich, daß ich einen Freund habe.

Sie werden mit Vergnügen erfahren, daß mein Emil den größten Erfolg in England hat. Man ist schon bei der zweiten englischen Ausgabe. Es ist in London beispiellos, daß ein fremdes Buch einen so raschen Erfolg errungen hat und, N. B. trotz dem Uebeln, was ich darin von den Engländern sage.

An Herrn de Montmollin.

Im November 1762.

Als ich mich vor neun Jahren wieder mit der Kirche vereinigte, hat es mir nicht an Censoren gefehlt, welche meinen Schritt tadelten, und es fehlt mir heute nicht daran, wo ich unter Ihrem Schutze, mein Herr, mit ihr vereinigt bleibe, gegen die Hoffnung so vieler Leute, welche mich von ihr getrennt sehen mochten. Das ist eben nicht zum Verwundern; Alles, was mich ehrt und tröstet, mißfällt meinen Feinden, und Diejenigen, welche die Religion verächtlich machen möchten, ärgern sich darüber, daß ein Freund der Wahrheit sich offen zu ihr bekennt. Sie und ich, wir kennen die Menschen zu sehr, um nicht zu wissen, wie vielen menschlichen Leidenschaften der vergebliche Glaubenseifer als Deckmantel dient, und man darf nicht erwarten, den Atheismus und den Unglauben liebevoller zu sehen als die Heuchelei und den Aberglauben. Ich hoffe, mein Herr, da ich gegenwärtig das Glück habe, besser von Ihnen gekannt zu sein, daß Sie nichts an mir wahrnehmen, was der von mir abgegebenen Erklärung widerspräche und Ihnen meinen Schritt verdächtig machen könnte oder Sie den Ihrigen bereuen ließe. Wenn es Leute gibt, die mich beschuldigen, ein Heuchler zu sein, so thun sie das, weil ich kein Ungläubiger bin; nun sind sie aber darin einig, mir Beides schuld zu geben, ohne Zweifel, weil sie meinen, man könne nicht aufrichtig an Gott glauben. Sie sehen, daß es mir, was ich auch thun mag, unmöglich ist, einer der beiden Beschuldigungen zu entgehen. Aber Sie sehen auch, daß, wie unerweisbar beide sind, doch die der Heuchelei die unsinnigste ist; denn ein wenig Heuchelei hätte mir viel Mißliebigkeit erspart, und meine Aufrichtigkeit kommt mich, wie mir scheint, theuer genug zu stehen, um über jeden Verdacht erhaben zu sein. —

Ich bin völlig überzeugt, mein Herr, daß, wenn ich stets in einem protestantischen Lande gelebt hätte, das Glaubensbekenntniß des savoyischen Vikars entweder nicht geschrieben worden sein würde, was gewiß in mancher Hinsicht Schade gewesen wäre, oder daß es allem Anschein nach im zweiten Theil eine ganz andere Wendung genommen haben würde.

Ich denke jedoch nicht, daß man die Widersprüche, die man nicht auflösen kann, unterdrücken müsse, denn dieser erschlichene Ausweg hat etwas so Unehrliches, daß er mich empört und mich fürchten läßt, es gebe im Grunde nur wenige wahrhaft Gläubige. Alle menschlichen Kenntnisse haben ihre Dunkelheiten, ihre Schwierigkeiten, ihre Einwürfe, welche der zu beschränkte menschliche Geist nicht auflösen kann. Selbst in der Geometrie finden sich solche, die zu unterdrücken den Mathematikern nicht einfällt und die ihre Wissenschaft deshalb nicht ungewiß machen. Diese Einwürfe verhindern nicht, daß eine bewiesene Wahrheit bewiesen ist, und man muß sich an das zu halten wissen, was man weiß, und nicht Alles wissen wollen, selbst in Religionsfragen. Wir werden darum Gott nicht weniger herzlich dienen und nicht weniger wahrhaft gläubig sein, aber wir werden menschlicher sein, sanfter, duldsamer gegen Die, welche nicht in Allem so denken wie wir. In dieser Beziehung kann das Glaubensbekenntniß des Vikars nützlich sein, selbst durch Das, was am meisten an ihm gemißbilligt worden ist. —

An die Gräfin von Boufflers.

Motiers, den 26. November 1762.

— Ich bin von Dankbarkeit und Achtung für den König von Preußen durchdrungen; aber seine Wohlthaten, die oft mit mehr Großmuth als Auswahl gespendet werden, sind kein sicherer Beweis, daß man sie verdient. Wenn ich sie annähme, so würde ich ihm ebenso viel Ehre zu erweisen glauben, als mir von ihm zu Theil würde, und ich bin nicht überzeugt, daß ich durch diesen Schritt meinen Feinden ein so großes Mißvergnügen bereiten würde. —

Sie beharren, sagen Sie, bei dem Glauben, daß mein Brief an Herrn de Montmollin nicht sehr nothwendig gewesen sei. Ich sehe nicht recht, wie Sie so urtheilen können. Ich habe Ihnen die Gründe gesagt, die mich glauben ließen, daß er es war; Sie hätten mir die sagen sollen, die Sie anders denken lassen. Sie sagen, er habe eine schlechte Wirkung hervorgebracht, aber bei wem? Wenn es bei den Herren d'Alembert und Voltaire war, so gratulire ich mir dazu. Ich hoffe, nie unglücklich genug zu sein, um ihre Beistimmung zu erhalten. —

An Lord Keith.

Den 26. November 1762.

Nein, Mylord, ich bin weder gesund noch zufrieden; aber wenn ich von Ihnen ein Zeichen der Güte und der Erinnerung erhalte, so werde ich gerührt und vergesse meine Leiden. Mein Herz ist aber niedergeschlagen, und ich schöpfe weniger Muth aus meiner Philosophie als aus Ihrem spanischen Wein. —

Man schreibt mir von Petersburg, daß die Kaiserin Herrn d'Alembert angetragen hat, die Erziehung ihres Sohnes*) zu übernehmen. Ich habe darauf geantwortet, Herr d'Alembert besitze Philosophie, Kenntnisse und viel Geist, aber wenn er

---

*) Paul I., geb. den 1. Okt. 1754, der Sohn des im Juli 1762 ermordeten Peter III. und Katharina's II. D'Alembert lehnte den Antrag ab.

diesen Knaben erzöge, werde er weder einen Eroberer, noch einen Weisen, sondern einen Harlekin aus ihm machen.

Ich bitte Sie um Verzeihung, Mylord, wegen meines familiären Tons; ich kann keinen andern annehmen, wenn ich mein Herz ausschütte, und wenn ein Mann von tüchtigem Stoffe ist, so sehe ich nicht nach der Uniform. Ich adoptire keine Formel, da ich keine feste Grenze sehe, wo man anhalten könnte, ohne falsch zu sein; ich könnte jedoch Ihnen gegenüber eine annehmen, ohne dieses Risiko; es wäre die des guten Ibrahim*).

An Herrn Dumoulin in Montmorency.

Motiers-Travers, den 16. Januar 1763.

Wenn die Erinnerung an die Momente, die wir zusammen verlebt haben, Ihnen ebenso theuer ist als mir, so werde ich Ihnen keine lästige Sorge aufladen, indem ich Sie bitte, die Zeugen jener Momente an Ihrem Hause in Montmorency zu erhalten. Lassen Sie wenigstens mein kleines Wäldchen bestehen, ich bitte Sie inniglich; vor Allem lassen Sie den beiden Bäumen, die ich mit eigner Hand gepflanzt habe, Schonung angedeihen. Leiden Sie nicht, daß Augustin oder sonst Jemand sich erlaubt, sie zu verschneiden; lassen Sie sie frei unter der Leitung der Natur wachsen und trinken Sie einmal in ihrem Schatten auf die Gesundheit Desjenigen, der einst das Vergnügen hatte, dort mit Ihnen zu trinken. Verzeihen Sie diese kleinen kindischen Anliegen der zärtlichen Erinnerung, die nie in meinem Herzen erlöschen wird. Meine Tage des Friedens habe ich in Montmorency verlebt, und Sie haben dazu beigetragen, sie mir angenehm zu machen. Rufen Sie sich dieselben zuweilen ins Gedächtniß zurück; ich werde sie nie vergessen.

P. S. Fräulein Levasseur läßt sich Ihnen ergebenst empfehlen. Ich habe mich hier in der Nähe eines katholischen Dorfes angesiedelt, damit sie dort so oft als möglich ihre religiösen Pflichten

---

*) Der Türke Ibrahim, Diener des Lord Marschalls, schloß seine Briefe an diesen mit den Worten: „Ich bin mehr Ihr Freund als je."

erfüllen kann, und unser Pastor leiht ihr mit dem größten Vergnügen seinen Wagen dazu. Ich bitte Sie, das dem Herrn Pfarrer zu sagen, der besorgt zu sein schien, was unter uns aus ihrer Religion werden würde. Wir lieben die unsrige, und wir achten die eines Andern.

An den Marschall von Luxembourg.

Motiers, den 20. Januar 1763.

Sie wollen, Herr Marschall, daß ich Ihnen das Land beschreibe, wo ich wohne. Aber wie soll ich das machen? Bäume, Felsen, Häuser, Menschen sogar sind einzelne Gegenstände, von denen jeder im Besonderen den Beschauer wenig erregt; der Gesammteindruck aber von alle dem, wenn es zu einem einzigen Bilde vereinigt erscheint, hängt von der Stimmung des Betrachtenden ab. Obgleich ein solches Gemälde immer dasselbe ist, stellt es sich doch auf so viel verschiedene Arten dar, als es Stimmungen im Herzen der Beschauer gibt, und diese Unterschiede, welche die in unserm Urtheil bewirken, finden sich nicht nur bei zwei verschiedenen Betrachtern, sondern in einem und demselben zu verschiedenen Zeiten. Das empfand ich recht lebhaft, als ich das Land wieder sah, welches ich so sehr geliebt habe. Ich glaubte hier Alles wiederzufinden, was mich in meiner Jugend entzückte. Alles ist verändert; es ist eine andere Landschaft, eine andere Luft, ein anderer Himmel, andere Menschen, und weil ich meine Gebirgsbewohner nicht mehr mit meinen zwanzigjährigen Augen sehe, so finde ich sie sehr gealtert. Man vermißt die gute Zeit von ehemals; ich glaube es wohl; wir legen den Dingen alle Veränderungen bei, die in uns vorgegangen sind, und wenn das Vergnügen uns verläßt, so glauben wir, es finde sich nirgends mehr. Andere sehen die Dinge, wie wir sie gesehen haben, und werden sie einst so sehen, wie wir sie heute sehen. Aber Sie verlangen Beschreibungen von mir, nicht Reflexionen, und die meinigen reißen mich fort wie ein altes Kind, das seine verschwundenen Spiele bedauert.

Die verschiedenen Eindrücke, welche dieses Land in verschiedenen Lebensaltern auf mich gemacht hat, lassen mich schließen, daß wir viel mehr beschreiben, was wir fühlen, als was ist, und daß wir wissen müßten, in welcher Stimmung der Verfasser einer Reisebeschreibung war, um zu beurtheilen, wie weit seine Gemälde unter oder über dem Wahren und Wirklichen sind. — —

Als die Schweizer, die ehemals, in ihre Gebirge eingeschlossen, sich selbst genügten, anfingen mit andern Nationen zu verkehren, so fanden sie Geschmack an der Lebensweise derselben und wollten sie nachahmen. Sie merkten, daß das Geld eine schöne Sache sei, und wollten auch welches haben. Ohne Erzeugnisse und ohne Industrie, es herbeizuziehen, machten sie sich selbst zur Waare und verkauften sich im Detail an die Mächte. Sie bekamen auf diese Weise gerade Geld genug, um zu fühlen, daß sie arm waren; dieses Geld gab ihnen neue Bedürfnisse, aber keine Hülfsquellen, sie zu befriedigen. So wurden sie durch die ersten Verkäufe von Truppen genöthigt, größere vorzunehmen und immer damit fortzufahren.

Das Schlimmste daran ist, daß von der ausgewanderten Hälfte genug zurückkehren, um die daheim Gebliebenen durch die Nachahmung der Gebräuche anderer Länder, vor Allem Frankreichs, zu verderben; denn letzteres hat mehr Schweizertruppen als jede andere Nation. Ich sage „verderben", ohne in die Frage einzugehen, ob die französischen Sitten für Frankreich gut oder schlecht sind, weil diese Frage die Schweiz nichts angeht; es ist aber nicht möglich, daß dieselben Gebräuche für Völker passen, die nicht dieselben Hülfsquellen haben und durch die Verschiedenheit ihres Klima's und ihres Bodens immer zu einer andern Lebensweise genöthigt werden. — Indem die Schweizer die Gebräuche der großen Städte in ihre Wälder verpflanzen, wenden sie dieselben auf eine höchst komische Weise an; sie putzen sich unter ihren Felsen, als wenn sie in Paris wären; unter ihren Tannen tragen sie allen Zierrath des Palais-Royal, und ich habe Manche im Falbelkleide von Musselin zum Heumachen gehen sehn. Ihre Delikatesse hat immer etwas Plumpes, ihr Luxus immer etwas Rohes. Sie haben Zwischengerichte, aber sie essen schwarzes Brod; sie setzen fremde Weine vor und trinken Krätzer; seine Ragouts begleiten ihren ranzigen Speck und ihr Kraut; sie bieten Ihnen zum Frühstück Kaffee und Käse, zum Vespern Thee mit Schinken; die Frauen tragen Spitzen und sehr grobe Hemden, modische Kleider und bunte Strümpfe; ihre Diener sind abwechselnd Lakaien und Stallknechte, sie serviren in Livrée bei Tafel und vermischen den Mistgeruch mit dem Dufte der Speisen. —

Die einzigen Waaren, welche ihnen bisher Geld verschafften, bestanden in Käse, Pferden und Menschen, aber seit der Einführung des Luxus genügt dieser Handel nicht mehr, und sie haben den mit Manufakturerzeugnissen hinzugefügt, deren Einführung sie französischen Flüchtlingen verdanken; eine Hülfsquelle, die jedoch mehr auf Schein als auf Wirklichkeit beruht*). — Es ist sehr eigen, daß ein so rohes Land, dessen Einwohner so sehr zum Fortwandern geneigt sind, ihnen doch eine so innige Liebe einflößt, daß das Bedauern, es verlassen zu haben, sie fast alle endlich wieder dahin zurückführt, und daß dieses Bedauern bei denen, die nicht zurückkehren können, in eine zuweilen tödtliche Krankheit übergeht, welche sie, glaube ich, Heimweh**) nennen. Man hat in der Schweiz eine berühmte Melodie, der Kuhreigen genannt, den die Hirten auf ihren Hörnern blasen und den sie überall im Gebirge erschallen lassen. Diese Melodie, welche an sich nicht viel bedeutet, erweckt in den Schweizern tausend Gedanken an ihr Geburtsland und läßt sie Ströme von Thränen vergießen, wenn sie sie in der Fremde hören. Es sind sogar so Viele darüber an Kummer gestorben, daß der König von Frankreich das Verbot ergehen ließ, den Kuhreigen vor den Schweizertruppen zu spielen. Aber, Herr Marschall, Sie wissen das Alles vielleicht besser als ich, und die Betrachtungen, zu welchen diese Thatsache anregt, werden Sie selbst schon ange-

---

*) Nicht 110 Jahre sind verflossen, seit Rousseau dieses seltsame Urtheil niederschrieb, und die Schweiz steht als das industriellste Land der Welt da, nach Verhältniß selbst England übertreffend.
**) „Homve" schreibt Rousseau.

stellt haben. Ich kann jedoch nicht umhin, zu bemerken, daß Frankreich gewiß das beste Land der Welt ist, und daß dort alle Bequemlichkeiten und alle Annehmlichkeiten zum Wohlbefinden der Bewohner beitragen. Dennoch hat, so viel ich weiß, das Heimweh oder so etwas wie der Kuhreigen nie bewirkt, daß ein Franzose im fremden Lande weinte oder vor Sehnsucht starb, und diese Krankheit nimmt auch bei den Schweizern sehr ab, seitdem man angenehmer in ihrem Lande lebt.

Die Schweizer im Allgemeinen sind gerecht, dienstfertig, mildthätig, zuverlässige Freunde, tapfere Soldaten und gute Bürger, aber auch intrigant, mißtrauisch, eifersüchtig, neugierig, habsüchtig, und ihre Habsucht schränkt ihren Luxus mehr ein, als es ihre Einfachheit thut. Sie sind gewöhnlich ernst und phlegmatisch, aber sie sind wüthend im Zorn, und ihre Freude ist eine Trunkenheit. Ich habe nichts so Lustiges gesehen als ihre Spiele. Es ist zum Erstaunen, daß das französische Volk so trübselig, so matt, so ungraziös tanzt, und daß die schweizerischen Tänze so lebhaft, so munter sind. Die Jünglinge zeigen dabei ihre natürliche Kraft, und die Mädchen entwickeln eine reizende Leichtigkeit, es ist, als ob der Boden unter ihren Füßen brenne.

Die Schweizer sind geschickt und verschlagen bei Verhandlungen; die Franzosen, welche sie für schwerfällig halten, sind weit weniger gewandt als sie; man beurtheilt ihren Geist nach ihrem Accent. Der französische Hof hat immer feine Köpfe zu ihnen senden wollen und hat sich immer getäuscht. In dieser Fechtart werden die Franzosen gewöhnlich von ihnen geschlagen. — Man muß auch gestehen, daß sie, wenn sie ihre Verträge gut abschließen, dieselben noch besser ausführen, eine Treue, die man ihnen gegenüber nicht sonderlich beobachtet.

Was die Grafschaft Neufchatel betrifft, wo ich wohne, so wissen Sie, daß Sie dem König von Preußen gehört. Nachdem dieses kleine Fürstenthum von dem Königreich Burgund abgetrennt war, ging es nach einander an die Häuser von Chalons, Hochberg und Longueville über und fiel endlich im Jahre 1707 durch die Entscheidung der Stände des Landes, der natürlichen Richter über die Rechte der Prätendenten, an das Haus Brandenburg. Uebrigens haben die Neufchateller unter ihren Souveränen fast dieselbe Freiheit bewahrt wie die übrigen Schweizer, aber vielleicht verdanken sie das mehr ihrer Lage als ihrer Geschicklichkeit; denn ich finde sie sehr unruhig für vernünftige Leute.

Alles, was ich über die Schweizer im Allgemeinen bemerkt habe, tritt noch mehr an diesem Völkchen hervor, und der Kontrast der natürlichen Eigenschaften und des Nachgeahmten erscheint noch stärker, mit dem Unterschiede jedoch, daß die Vergoldung einen geringeren Grundstoff bedeckt. Mit Ausnahme der Stadt und der Ufer des Sees ist das Land ebenso roh als die übrige Schweiz; das Leben ist ebenso bäurisch, und die Bewohner, die immer Unterthanen von Fürsten waren, affektiren noch mehr die großen Manieren, so daß man hier geziertes Wesen in allen Ständen, Schönrednerei am Pfluge und Höflingston im Leinwandkittel findet. Auch nennt man die Neufchateller die Gascogner der Schweiz. Sie haben Geist und bilden sich was auf ihre Lebhaftigkeit ein; sie lesen, und die Lectüre ist ihnen von Nutzen; die Bauern sogar sind unterrichtet, sie haben fast alle eine kleine Sammlung von ausgewählten Büchern, die sie ihre Bibliothek nennen. Vor einiger Zeit blieb ich auf einem Spaziergang vor einem Hause stehen, wo Mädchen Spitzen verfertigten; die Mutter wiegte ein kleines Kind, und ich sah ihr zu. Da trat ein dicker Bauer aus der Hütte, grüßte mich ganz ungezwungen und sagte: „Sie sehen, man befolgt Ihre Lehren nicht allzu gut*); aber unsre Weiber hängen ebenso sehr an den alten Vorurtheilen, wie sie die neuen Moden lieben." Ich war wie aus den Wolken gefallen; aber ich habe hundert Reden der Art unter diesen Leuten vernommen. — Was ihren Charakter betrifft, so ist es schwer, darüber zu urtheilen, denn die angenommenen Manieren verdecken ihn fast ganz; sie halten sich für höflich, weil sie ceremoniös sind, und für heiter, weil sie turbulent sind. Ich glaube,

---

*) Rousseau sprach sich im „Emil" gegen den Gebrauch von Wiegen aus.

daß in der ganzen Welt nur die Chinesen es ihnen in Komplimenten zuvorthun können. Mögen Sie noch so müde ankommen, gleichviel, erst müssen Sie eine volle Ladung aushalten; so lange die Maschine aufgezogen ist, dauert das Spiel. Die französische Höflichkeit besteht darin, daß man es den Leuten bequem macht und auch sich selbst, die neufchateller, daß man sich und Andern Zwang anthut. Dennoch sind sie in der That verbindlich, dienstfertig, wahrhaft gastfreundlich, vorzüglich gegen Vornehme; man ist immer einer guten Aufnahme gewiß, wenn man als Marquis oder Graf auftritt, und da es den Abenteurern an einem so leichten Mittel nicht fehlt, so finden sich oft dergleichen in ihrer Stadt und werden gewöhnlich sehr zuvorkommend behandelt. — Uebrigens bleiben die Neufchateller ihren Versprechungen treu und verlassen nicht leicht ihre Schützlinge. Es kann sogar sein, daß sie wirklich Liebe und Mitleid fühlen; aber nichts ist von der Sprache des Gefühls weiter entfernt als die ihrige; Alles, was sie aus Humanität thun, scheint aus Ostentation gethan zu sein, und ihre Eitelkeit verbirgt ihr gutes Herz. Diese Eitelkeit ist ihr Hauptfehler; sie tritt überall hervor, und um so mehr, da sie ungeschickt ist.

Das weibliche Geschlecht ist nicht schön; man sagt, es sei ausgeartet. Die Mädchen haben viel Freiheit und machen davon Gebrauch. Es gibt jedoch sehr liebenswürdige darunter, aber im Allgemeinen findet man in ihrer Unterhaltung nicht den Ton, auf den sich die Französinnen so gut verstehen, wenn sie wollen, den Ton, welcher Gefühl und Seele anzeigt und Romanheldinnen verspricht. —

Ein Christ ist für sie ein Mensch, der alle Sonntage zur Predigt geht; was er in der Zwischenzeit thut, ist gleichgültig. Ihre Geistlichen, die zur Zeit, wo katholische Fürsten über das Land herrschten, einen großen Einfluß auf das Volk erlangten, möchten diesen Einfluß erhalten, indem sie sich in Alles mischen und durch kleinliche Ränke die Gerichtsbarkeit der Kirche auf Alles auszudehnen suchen; sie sehen nicht, daß ihre Zeit vorüber ist. Indeß haben sie im Lande eine Gährung erzeugt, welche sie vollends ruiniren wird. Die wichtige Angelegenheit, um die sich's handelt, war die Frage, ob die Strafen der Verdammten ewig seien. Sie können sich kaum vorstellen, Herr Marschall, mit welcher Hitze dieser Streit geführt wurde; der über den Jansenismus in Frankreich kam ihm nicht nahe. Alle Körperschaften, alle Gemeinden waren bereit, die Waffen zu ergreifen; Geistliche wurden abgesetzt, Behörden suspendirt; Alles verkündete die Nähe eines Bürgerkriegs. Die Sache ist kaum beendigt und wird noch lange im Gedächtniß bleiben. Wenn sie sämmtlich zur Hölle hätten fahren sollen, würden sie keine größere Sorge um die Vorgänge in derselben haben zeigen können.

Das sind die hauptsächlichen Bemerkungen, die ich bis jetzt über die Bewohner des Landes, in dem ich mich befinde, gemacht habe. Sie würden Ihnen vielleicht etwas hart erscheinen von Seiten eines Mannes, der Gastfreundschaft daselbst genießt, wenn ich Sie nicht wissen ließe, daß ich den Herren von Neufchatel keinen Dank dafür schuldig bin. Nicht von diesen habe ich ein Asyl verlangt, welches sie mir auch sicherlich nicht gestattet haben würden, sondern vom Lord Marschall, und ich wohne hier bei dem König von Preußen. Im Gegentheil, sowie ich hier ankam, hat sich der Magistrat der Stadt Neufchatel beeilt, mein Buch zu verbieten, ohne es zu kennen; das Corps der Geistlichen hat darüber an den Stadtrath berichtet. Nie waren Leute eifriger, die Dummheiten ihrer Nachbarn nachzuahmen. Ohne den erklärten Schutz des Lord Marschalls hätte man mich gewiß in diesem Dorfe nicht in Frieden gelassen.

An Herrn Moultou.

Motiers, den 17. Februar 1763.

Ich habe mich beeilt, Ihren Brief vom 4. zu verbrennen, wie Sie es wünschten; ich werde mehr thun, ich werde mich bemühen, ihn zu vergessen. Ich weiß nicht, was Ihnen begegnet ist, aber Ihre Sprache hat sich sehr verändert. Vor sechs Monaten waren Sie empört über Herrn Voltaire, weil er mir den vierten Theil der Erniedrigung andichtete, die Sie mir jetzt anrathen. Ihr Rath mag gut sein, aber er gefällt mir nicht. Ich weiß wohl, daß man von den Kindern, die man, und zwar sehr oft mit Unrecht, ausgepeitscht hat, verlangt, sie sollen noch um Verzeihung bitten; aber abgesehen davon, daß mir dieser Gebrauch stets extravagant vorgekommen ist, paßt er nicht zu meinem grauen Bart. Nicht dem Beleidigten kommt es zu, wegen der Beschimpfungen, die er erlitten hat, um Verzeihung zu bitten; daran halte ich mich. Was ich zu thun habe, ist: zu verzeihen, und das thue ich von ganzem Herzen, selbst ohne daß man mich darum bittet; aber daß ich in meinem Alter wie ein Schüler vor dem Konsistorium erscheinen solle, um mir ein Zeugniß ausstellen zu lassen, daß Sie das für möglich gehalten haben, erscheint mir sehr sonderbar. Ihre Geistlichen und ich, wir sind sehr weit auseinander; auf meinen Brief an Herrn de Montmollin haben sie geglaubt, sie hätten eine günstige Gelegenheit gefunden, mich zu ihren Füßen kriechen zu lassen. Sie werden Zeit genug haben, sich zu enttäuschen. Da sie sich um meine Achtung gebracht haben, so mögen sie sich in meine Verachtung finden. Ich habe ihnen öffentlich meine Achtung bezeugt, ich hatte Unrecht, und das ist das einzige Unrecht, welches ich gut zu machen habe.

Mein Lieber, ich bin in meiner Religion duldsam aus Grundsatz, denn ich bin ein Christ; ich dulde Alles, nur die Unduldsamkeit nicht; aber jede Inquisition ist mir verhaßt. Ich betrachte alle Glaubensrichter als Trabanten des Teufels. Aus diesem Grunde mag ich ebenso wenig in Genf als in Goa*) leben. Nur die Atheisten können in solchen Ländern in Frieden leben, weil jedwedes Glaubensbekenntniß Diejenigen nichts kostet, welche gar keins im Herzen haben, und wie wenig ich auch an dem Leben hänge, so bin ich doch nicht begierig, das Schicksal Servets **) zu theilen. Adieu denn, ihr Herren

---

*) Das portugiesische Inquisitionsgericht in Goa ist erst 1815 aufgehoben worden.
**) Der Spanier Michael Servet wurde wegen seiner Schrift gegen die Dreieinigkeit am 27. Okt. 1553 bei Genf lebendig verbrannt, ein Opfer des Fanatismus Calvins und seiner Anhänger. Er litt über eine halbe Stunde auf dem Scheiter-

Verbrenner! Rousseau ist nicht euer Mann; da ihr von ihm nichts wissen wollt, weil er tolerant ist, so mag er nichts von euch wissen aus dem entgegengesetzten Grunde.

Ich glaube, mein lieber Moultou, daß wir uns viele Mißverständnisse in unsern Briefen erspart haben würden, wenn wir uns gesehen und gesprochen hätten. Sie können sich nicht in meine Lage versetzen und die Dinge nicht von meinem Gesichtspunkt aus sehen. Genf ist immer vor Ihren Augen und entfernt sich alle Tage mehr aus den meinigen; ich habe meinen Entschluß gefaßt.

An David Hume.

Motiers-Travers, den 19. Februar 1763.

Mein Herr, ist habe erst hier und vor Kurzem den Brief erhalten, mit dem Sie mich am 2. Juli v. J. beehrten, in der Voraussetzung, daß ich mich in London befinde. Ohne Zweifel würde ich wohl unter Ihrer Nation und möglichst nahe bei Ihnen ein Asyl für mich gesucht haben, wenn ich den Empfang hätte voraussehen können, der mich in meinem Vaterlande erwartete. Nur dieses konnte ich England vorziehen, und dieser Vorzug, für den ich zu sehr bestraft worden bin, war damals wohl verzeihlich; aber zu meinem großen Erstaunen und selbst zum Erstaunen des Publikums habe ich da nur Beleidigungen und Beschimpfungen gefunden, wo ich, wenn nicht Dankbarkeit, doch wenigstens Trost zu finden hoffte. Aus wie vielen Gründen muß ich bedauern, daß ich das Asyl und die philosophische Gastfreundschaft, die mich bei Ihnen erwarteten, entbehre! Dennoch hat mein Unglück mich Ihnen gewissermaßen genähert. Der Schutz und die Güte des Lord Marschalls, Ihres berühmten und würdigen Landsmannes,

---

haufen und rief: „Ich Unglücklicher! Konnte man für die 200 Goldstücke und die kostbare Halskette, die man mir nahm, nicht Holz genug schaffen, mich schneller zu verzehren?"

hat mich so zu sagen Schottland in der Schweiz finden lassen; er hat Sie bei unsern Unterhaltungen gegenwärtig und mich mit Ihren Tugenden so bekannt gemacht, wie ich es nur mit Ihren Talenten war; er hat mir die innigste Freundschaft für Sie eingeflößt und das glühendste Verlangen, die Ihrige zu erhalten, noch bevor ich wußte, daß Sie geneigt waren, sie mir zu gewähren. Urtheilen Sie, mit welchem Vergnügen ich mich dieser Zuneigung hingeben werde, die sich nun als eine gegenseitige offenbart! Nein, mein Herr, ich würde Ihnen nur die Hälfte von dem geben, was Ihnen gebührt, wenn ich nur Bewunderung für Sie fühlte. Ihre großen Ansichten, Ihre erstaunliche Unparteilichkeit, Ihr Genie würden Sie zu weit über die Menschen erheben, wenn Ihr gutes Herz Sie ihnen nicht wieder näherte. Indem mir der Lord Marschall zeigt, daß Sie noch mehr liebenswürdig als erhaben sind, macht er mir Ihren Umgang von Tag zu Tag wünschenswerther und nährt in mir das eifrige Verlangen, welches er hervorgerufen hat, mein Leben in Ihrer Nähe zu beschließen. Ach, mein Herr, warum setzt mich nicht eine bessere Gesundheit, eine bequemere Lage in den Stand, diese ersehnte Reise zu unternehmen! Warum kann ich nicht hoffen, uns eines Tages mit Mylord in dem gemeinsamen Vaterlande versammelt zu sehen, welches auch das meinige werden würde! In einer so lieben Gesellschaft würde ich das Unglück segnen, welches mich dahin geführt hat, und ich würde glauben, ich habe erst an dem Tage angefangen zu leben, an welchem sie anfangen würde. Könnte ich diesen mehr ersehnten als gehofften Tag erblicken! Mit welchem Entzücken würde ich bei der Berührung des glücklichen Bodens, auf dem David Hume und der Marschall von Schottland geboren wurden, ausrufen:

   Salve, fatis mihi debita tellus!
   Ilic domus, hic patria est *).

---

*) Sei gegrüßt, mir vom Schicksal bestimmtes Land!
 Hier ist mein Haus, hier meine Heimat.

An Herrn Moultou.

Motiers, den 26. Februar 1763.

Lieber Moultou, in dem Briefe des Herrn Deluc habe ich den Ihrigen, den Sie ihm übermacht haben, nicht gefunden; ich begreife, daß Sie anderer Ansicht geworden sind. Ich mag mich in dem meinigen übelgelaunt gezeigt haben; ich hatte Unrecht; ich finde im Gegentheil viel Vernunft in dem Ihrigen, aber ich finde darin zugleich einen gewissen rückhaltigen Ton, der hundertmal schlimmer ist als Uebellaunigkeit. Es wäre mir lieber, Sie hätten mir Unsinn geschrieben. Wenn ich Unrecht habe, so sagen Sie mir die Wahrheit mit Freimuth und selbst mit Härte; aber nehmen Sie nicht einen solchen Ton an, ich beschwöre Sie darum, denn es würde übel enden. Ich liebe Sie innig, theurer Freund, und Sie haben um so größeren Werth für mich, da Sie der letzte sein werden und ich nach Ihnen keinen andern haben würde, aber in meinem Alter nimmt der Geist keine andere Form an; in Ihrem Alter ist das noch möglich. Sie müssen sich in mich, wie ich bin, fügen oder von mir lassen. —

Ich glaubte, die Genfer wären Männer, und es sind nur Schwätzer. Ich fühle, daß mein Herz noch ein wenig Antheil an ihnen nimmt durch die Erinnerung an meinen Vater, der sicherlich mehr werth war als sie alle. Aber die Theilnahme wird sehr geschwächt, wenn die Achtung sie nicht unterstützt. —

Ich hatte eine Art Antwort an den Erzbischof von Paris aufs Papier geworfen, und unglücklicher Weise schickte ich sie in einer momentanen Ungeduld an Rey. Nach besserer Ueberlegung wollte ich sie zurückziehen, allein es war zu spät; ich bekam die Erwiderung, der Druck habe schon begonnen. Das ist mir sehr unangenehm. Man darf nicht hitzig werden, wenn man von sich selbst spricht, und theologische Kniffe muß man nur leicht abfertigen. Die Schrift ist matt und platt. Ich sah die Wirkung voraus; aber die Dummheit ist geschehen, und es ist unnütz, sich über ein unheilbares Uebel zu ärgern. Guten Tag.

An Herrn Marcel,
Unterdirektor der Vergnügungen und Tanzmeister am Hofe des
Herzogs von Sachsen-Gotha.

Motiers, den 1. März 1763.

Mit einem wahren Vergnügen habe ich den Brief gelesen, mit dem ich von Ihnen, mein Herr, beehrt worden bin, und ich habe darin, das beschwöre ich Ihnen, eine der besten Kritiken gefunden, die je meinen Schriften zu Theil wurden. Sie sind ein Schüler und Verwandter von Herrn Marcel; Sie vertheidigen Ihren Lehrer, das ist nur zu loben. Sie betreiben eine Kunst, gegen die Sie mich ungerecht und schlecht unterrichtet finden, und Sie rechtfertigen dieselbe; das ist gewiß ganz erlaubt.

Ich weiß nicht, ob ich mich sehr gut bei Ihnen entschuldigen werde, wenn ich Ihnen gestehe, daß das Affenwesen, welches ich an Herrn Marcel tadelte, weniger seiner Kunst galt, als der Art und Weise, wie er sie anpries. Wenn ich auch darin Unrecht habe, so habe ich's um so mehr, da ich nicht nach der Ansicht eines Andern urtheilte, sondern nach meiner eigenen. Denn, was Sie auch sagen mögen, ich wurde manchmal zu der Ehre zugelassen, seinem Unterricht beizuwohnen, und ich erinnere mich, daß wir profanen Zuschauer, ja selbst seine Schülerinnen, nicht umhin konnten, über die Magistergravität zu lachen, mit der er seine weisen Sprüche vortrug. — Was die Thorheit betrifft, mit der ich von Ihrer Kunst gesprochen habe, so ist dieses Unrecht mehr natürlich als entschuldbar; es ist das eines Jeden, der sich herausnimmt, über Sachen zu reden, die er nicht versteht. Aber ein redlicher Mensch, dem man seinen Fehler vorhält, muß ihn wieder gut machen, und ich glaube das bei dieser Gelegenheit nicht besser thun zu können, als dadurch, daß ich geradezu Ihren Brief und Ihre Zurechtweisungen veröffentliche, und ich verpflichte mich, das zur rechten Zeit und am rechten Orte zu thun. Mit großem Vergnügen, mein Herr, werde ich dem Tanz und Herrn Marcel diese öffentliche Genugthuung für den Mangel an Respekt gewähren, den ich mir unglücklicher Weise habe zu Schulden kommen lassen. Dennoch möchte ich glauben, daß Ihre Entrüstung sich ein wenig gelegt haben würde, wenn meine alten Träumereien Gnade vor Ihnen gefunden hätten. Sie würden dann eingesehen haben, daß ich Ihrer Kunst nicht so feind bin, als Sie mich beschuldigen, und daß die Einführung derselben in meiner Heimat kein so starker Einwand gegen mich ist, da ich dort selbst öffentliche Bälle vorgeschlagen und den Plan dazu angegeben habe. Mein Herr, begnadigen Sie mich um meiner Dienste willen; wenn ich Ihnen ein Aergerniß gegeben habe, so verzeihen Sie mir einige Thorheiten gegen eine Kunst, um die ich mich so wohl verdient gemacht habe.

Welche Autorität jedoch Ihre Entscheidungen über mich haben, an der Verschiedenheit der Charaktere, deren Einführung in den Tanz ich vorschlug, halte ich noch ziemlich fest. Ich sehe nicht recht, was Sie davon unausführbar finden, und es scheint mir weniger einleuchtend als Ihnen, daß man sich mehr langweilen würde, wenn die Tänze mehr Variationen hätten. Ich habe nie gefunden, daß diese ewige Aufeinanderfolge von Menuets, mit denen man einen Ball beginnt und ausfüllt, und die alle nur Ein und Dasselbe sagen, ein sehr pikantes Amüsement für eine Gesellschaft ist. —

Was ich vom Menuet sage, warum sollte ich das nicht auch von den Contretänzen und der platten Symmetrie sagen, mit der sie alle gezeichnet sind? Warum sollte man nicht sinnvolle Unregelmäßigkeiten in sie einführen, wie in einer guten Dekoration, Gegensätze und Kontraste wie in der Musik? Man läßt Heraklit und Demokrit zusammen singen, warum sollte man sie nicht zusammen tanzen lassen?

Welche reizenden Gemälde, welche mannigfaltigen Scenen ließen sich nicht von einem erfinderischen Genie in die Tänze einführen; es könnte sie von ihrer kalten Einförmigkeit befreien und ihnen eine Sprache und Gefühle geben, wie die Musik sie hat! Aber Ihr Herr Marcel hat nichts erfunden als Redensarten, die mit ihm gestorben sind; er hat seine Kunst in demselben Zustande gelassen, wie er sie gefunden hat, und er würde ihr besser gedient haben, wenn er weniger Reden und mehr Zeichnungen geliefert hätte. Anstatt so viele Dinge in einem Menuet zu bewundern, hätte er besser gethan, sie hineinzubringen. Wenn Sie, mein Herr, den ich als einen Mann von Genie betrachte, einen Schritt vorwärts thun wollten, so würden Sie, anstatt sich mit der Kritik meiner Ideen zu amüsiren, die darin enthaltenen Ansichten zu erweitern und zu berichtigen suchen; Sie würden in Ihrer Kunst schöpferisch auftreten; Sie würden den Menschen, die so sehr bedürfen, daß man ihnen lehre, wie sie Vergnügen haben können, einen Dienst erweisen; Sie würden Ihren Namen unsterblich machen und dafür einem armen Einsiedler verbunden sein, der Sie nicht beleidigt hat und den Sie ohne Grund hassen wollen. Glauben Sie mir, mein Herr! Lassen Sie die Kritiken, welche nur talentlosen Leuten zukommen, die unfähig sind, selbst Etwas zu produciren, und nur auf Kosten eines Andern einen Ruf erlangen können. —

Sie werden finden, daß die vermeintlichen Inkonvenienzen, die, wie Sie einwenden, mit meinen Vorschlägen verbunden sind, wenn diese richtig ausgeführt werden, als Vorzüge sich darstellen. Dann wird die Kunst, Dank der Mannigfaltigkeit ihrer Erscheinungen, alle Welt befriedigen und die Eifersucht verhindern, indem sie den Wetteifer erhöht. Alle ihre Schülerinnen werden glänzen können, ohne einander zu schaden, und jede wird sich, wenn sie andere auf eigenthümlichen Gebieten sich auszeichnen sieht, durch den Gedanken trösten: Auch ich zeichne mich aus auf dem meinigen, während Sie, wenn Sie alle Dasselbe machen lassen, die Kränkung der Eigenliebe nie vermeiden können.

Sie haben sehr Recht, mein lieber Herr, wenn Sie sagen, daß ich kein Philosoph bin; aber Sie würden nicht übel thun, wenn Sie versuchten, es ein wenig zu sein. Das würde vortheilhafter für Ihre Kunst sein, als Sie zu glauben scheinen. Wie dem sei, ärgern Sie die Philosophen nicht! Ich rathe es Ihnen, denn mancher von ihnen könnte Ihnen mehr Lehren über das Tanzen geben, als Sie ihm über die Philosophie, und das wäre doch etwas demüthigend für einen Schüler des großen Marcel. —

An Herrn Keit.

Motiers, den 17. März 1763.

So jung und schon verheirathet! Mein Herr, Sie haben frühzeitig eine große Aufgabe übernommen. Ich weiß, daß die Reife des Geistes das Alter ersetzen kann, und es scheint mir, Sie versprechen diesen Ersatz. Sie verstehen sich übrigens auf Verdienste, und ich zähle auf die der Gattin, die Sie sich gewählt haben, mein lieber Keit, um eine so frühe Verbindung glücklich zu machen. Ihre Jugend allein beunruhigt mich; alles Uebrige leidet keinen Zweifel. Immer bin ich überzeugt, daß das wahre Glück des Lebens in einer rechten Ehe besteht, und ebenso davon, daß der ganze Verlauf derselben von der Art und Weise abhängt, wie man sie beginnt. Die Wendung, welche Ihre Beschäftigungen, Ihre Sorgen, Ihre häuslichen Neigungen während des ersten Jahres nehmen werden, entscheidet über alle andern. Jetzt ist das Schicksal Ihres Lebens in Ihrer Hand; später wird es von Ihren Angewöhnungen abhängen. Junge Gatten, Ihr seid verloren, wenn Ihr nur Liebende seid; aber seid bei Zeiten Freunde, um es immer zu sein. Das Vertrauen, welches mehr werth ist als die Liebe, überlebt sie und ersetzt sie. Wenn Ihr es zu befestigen versteht, so wird Euer Haus Euch mehr gefallen als irgend ein anderes, und sobald Ihr in Eurem Hause Euch wohler befindet als sonst wo, verheiße ich Euch Glück für das ganze übrige Leben. Aber laßt es Euch nicht einfallen, das Glück in der Ferne zu suchen oder in der Berühmtheit oder in den Vergnügungen oder im Reichthum! Die wahre Glückseligkeit findet man nicht draußen; Euer Haus muß Euch genügen, oder es wird Euch nie Etwas genügen.

Aus diesem Grunde halte ich es jetzt nicht für zeitgemäß, an die Ausführung des Projekts zu denken, von dem Sie mir schreiben. — Mein lieber Keit, ich glaube unter den jungen Leuten der Schweiz viel Verdienst aufkeimen zu sehen, aber die allgemeine Krankheit zeigt sich auch da. Dieses Verdienst strebt danach, sich drucken zu lassen, und ich fürchte sehr, daß in Folge dieser Manie bei Leuten Ihres Standes an der Spitze Ihrer Republiken einst mehr kleine Schriftsteller als große Männer stehen werden. Es ist nicht Jedem gegeben, ein Haller*) zu sein. —

Adieu, bester und liebenswürdiger Keit! Bringen Sie Ihrer Frau Gemahlin meine Huldigungen dar; sagen Sie ihr, ein wie großes Recht sie auf meine Dankbarkeit hat, indem sie einen Mann glücklich macht, den ich eines solchen Glückes so würdig erachte, und für den ich eine so innige Theilnahme hege.

An Herrn Daniel Roguin.

Motiers, im März 1763.

Bester Papa, ich finde nicht, daß Sie den Schicklichkeits- und Bescheidenheitsgrund, der mich abhielt, Ihnen mein Porträt anzubieten, und der mich stets Jedem gegenüber davon abhalten wird, wohlwollend und vernünftig ausgelegt haben. Dieser Grund ist nicht, wie Sie behaupten, ein Ceremoniel, sondern eine aus der Natur der Sache hervorgehende Konvenienz, die keinem diskreten Menschen erlaubt, sein Gesicht oder seine Person da erscheinen zu lassen, wo man nicht danach verlangt; er darf sich nicht einbilden, ein Geschenk damit zu machen, da es eins für ihn sein muß, wenn man das Verlangen danach kundgibt. Das ist das Gefühl, welches in mir waltete; statt dessen legen Sie mir die Absicht bei, ich wolle mich nur durch Bitten nöthigen lassen, ein solches Geschenk zu machen. Das heißt, in mir den Beweggrund eines Gecken voraussetzen, während ich den der Bescheidenheit hatte.

Sie führen an, daß Könige und Prinzen ihr Porträt geben. Ohne Zweifel geben sie es den unter ihnen Stehenden als eine Ehre oder eine Belohnung, und gerade deshalb ist es eine Impertinenz von Seiten unbedeutender Privatpersonen, wenn sie

---

*) Der berühmte Dichter und Naturforscher Albrecht von Haller nahm seit 1753 als Landammann an der Verwaltung des Kantons Bern Theil.

ihres Gleichen so zu ehren glauben, wie Könige ihre Untergebenen ehren. Mehrere Könige reichen auch ihre Hand zum Kuß hin, um Gunst oder Auszeichnung kund zu geben. Darf ich meinen Freunden die nämliche Gnade erweisen wollen? Lieber Papa, wenn ich König sein werde, werde ich nicht ermangeln, als stolzer Monarch Ihnen mein in Diamanten gefaßtes Porträt zu schenken. Bis dahin aber werde ich mir nicht dummer Weise einbilden, daß Sie oder sonst Jemand großes Verlangen nach meinem geringen Gesichte trügen; nur eine sehr bestimmte Kundgebung von Seiten Derjenigen, die sich darum bekümmern, kann mich das annehmen lassen, zumal da ich dem Porträt keine Diamanten als Geleitschein beigeben kann.

Sie citiren mir Samuel Bernard. Ich muß gestehen, es ist ein sonderbares Muster, welches Sie mir da zur Nachahmung vorschlagen. Ich hätte geglaubt, Sie wünschten mir seine Millionen, aber nicht seine Lächerlichkeiten. Was mich betrifft, so würde es mir höchst ärgerlich sein, sie sammt seinem Reichthum zu haben; dieser wäre mir viel zu theuer für diesen Preis. Ich weiß, daß er so impertinent war, sein Porträt selbst Leuten, die weit über ihm standen, anzubieten. Auch begegnete es ihm eines Tags, daß er besagtes Porträt über dem Nachtstuhl des also Beschenkten prangen sah. Ich weiß diese und noch manche andere lustige Anekdote über ihn von Jemand, der Glauben verdiente, denn es war der Präsident von Boulainvilliers.

Herr *** gab sein Porträt? Ich wünsche ihm Glück dazu. Ich weiß weiter nichts als dies: Wenn dieses Porträt der prahlerische Stich ist mit den pomphaften Versen darunter, den ich gesehen habe, so mußte besagter Herr, um sich herauszunehmen, damit ein Geschenk zu machen, der größte Geck sein, den die Erde getragen hat. Wie dem sein möge, ich habe auch Leute gekannt mit Porträts, und zwar mit wünschenswerthen Porträts, und ich habe bei allen andere Grundsätze wahrgenommen, und wenn es mir einfallen sollte, Vorbilder nachahmen zu wollen, so wird es weder der Jude Bernard, noch Herr *** sein, die ich dazu auserwähle. Man ahmt nur die Leute nach, denen man gleichen möchte. —

An Lord Keith.

Den 21. März 1763.

— Nichts kommt der Stellung Friedrichs gleich. Es scheint, daß er alle ihre Vortheile fühlt und sie wohl zu benutzen wissen wird. Alles Mühsame und Schwierige ist gethan; Alles, wozu die Hülfe des Glücks erforderlich war, ist geschehen. Es bleiben ihm nur noch angenehme Sorgen, deren Wirkung von ihm allein abhängt. Von nun an kann er, wenn er will, an der Errichtung eines Denkmals für die Nachwelt arbeiten, welches in seiner Art einzig sein würde, denn bis jetzt hat er nur für seine Zeit gearbeitet. Der einzige Hinterhalt, der ihm noch Gefahr droht, ist der der Schmeichelei; wenn er sich loben läßt, so ist er verloren. Er möge wissen, daß es keine Lobreden mehr gibt, die seiner würdig wären, außer denen, die aus den Hütten seiner Bauern kommen werden.

Wissen Sie, Mylord, daß Voltaire meine Aussöhnung sucht? Er hat über mich eine lange Unterredung mit Moultou gehabt, in welcher er seine Rolle meisterhaft spielte; dem Talente dieses großen Komödianten, dolis instructus et arte pelasga*), ist ja keine einzige fremd. Was mich betrifft, so kann ich ihm nicht eine Achtung versprechen, die nicht von mir abhängt, aber davon abgesehen, werde ich, wenn er will, immer bereit sein, Alles zu vergessen; denn ich schwöre Ihnen, Mylord, von allen christlichen Tugenden wird mir keine leichter als die Verzeihung von Beleidigungen. Wenn die Beschützung von Calas ihm große Ehre gemacht hat, so machten ihm die Verfolgungen, die er mir in Genf bereitete, wenig Ehre in Paris; sie haben dort einen allgemeinen Schrei der Entrüstung hervorgerufen. Ich genieße dort trotz meines Unglücks eine Ehre, die er nie und

---

*) mit Listen ausgerüstet und griechischer Kunst.

nirgends haben wird, nämlich ein geachtetes Andenken in dem Lande, wo ich gelebt habe, zu hinterlassen. Guten Tag, Mylord.

An Frau von ***.
Den 27. März 1763.

Wie verschiedene Gefühle hat Ihr Brief, Madame, in mir erregt! Ach, diese arme Frau von **! Verzeihen Sie, wenn ich mit ihr anfange. So viel Unglück..... eine Freundschaft von dreizehn Jahren! Sie beklagen sie, Madame, Sie haben Recht; ihre Verdienste müssen Sie für sie einnehmen; aber Sie würden sie noch mehr beklagen, wenn Sie wie ich ihr ganzes Widerstreben gegen diese unheilvolle Heirath gesehen hätten. Es scheint, sie sah ihr Schicksal voraus. Diese hat das Gold nicht verblendet, man hat sie trotz ihres Widerstrebens unglücklich gemacht. Ach, sie ist nicht die einzige! —

Der Glückliche weiß nicht, ob er geliebt wird, sagt ein lateinischer Dichter, und ich füge hinzu: Der Glückliche weiß nicht zu lieben. Ich habe, dem Himmel sei Dank, alle Erfahrungen durchgemacht; ich weiß, was ich von dem Herzen der Anderen und von dem meinigen zu halten habe. Es steht fest, daß in Frankreich nur Sie mir bleiben und noch Jemand, der noch nicht vollständig beurtheilt ist, aber es bald sein wird.

Wenn die Freunde, welche das widrige Schicksal uns nimmt, weniger zu schätzen sind als diejenigen, die es uns gibt, so habe ich mehr gewonnen als verloren, denn es hat mir einen gegeben, den es mir gewiß nicht wieder nehmen wird. Sie verstehen, daß ich vom Lord Marschall spreche. Die großen Seelen haben nicht nur vor dem Verdienst Achtung, sondern auch vor dem Unglück. Ohne ihn wäre ich in diesem Lande ebenso schlecht empfangen worden als in den andern, und ich sah ringsum kein Asyl mehr für mich. Aber eine köstlichere Wohlthat als sein Schutz ist die Freundschaft, mit der er mich beehrt und die ich sicherlich nicht verlieren werde. Der wird mir bleiben, ich stehe dafür. Es hat mich sehr gefreut, daß Sie mir mittheilen, was Herr von A*** von ihm denkt; das beweist mir, daß er sich auf rechte Männer versteht, und wer sich darauf versteht, gehört zu ihrer Klasse. Ich gedenke meinen würdigen Beschützer vor seiner Abreise nach Berlin zu sehen; ich werde ihm von Herrn von A*** und von Ihnen erzählen; nichts ist so süß für mich, als wenn ich Diejenigen, die mich lieben, sich unter einander lieben sehe. —

Die Güte von Fräulein L*** und die Mühe, die sie für mich übernehmen will, hat mich sehr gerührt, aber es sollte mir sehr leid thun, wenn eine so hübsche Arbeit wie die ihrige unter meinen großen, garstigen, armenischen*) Aermeln versteckt bliebe; wahrlich, ich könnte mich nicht entschließen, sie so zu entweihen, und werde sie daher nur unter der Bedingung annehmen, daß mir befohlen wird, sie als Schärpe oder als Halsband zu tragen, wie ein zu ihrer Ehre eingeführtes Ritterzeichen.

Guten Tag, Madame. Empfangen Sie die Huldigungen Ihres armen Nachbarn. Sie haben ihm soeben eine köstliche halbe Stunde bereitet, und wahrlich, er bedurfte ihrer; denn seit einigen Monaten leide ich fast ohne Unterbrechung durch meine Krankheit und allerlei Aergernisse. Tausend Grüße, ich bitte, an den Herrn Marquis!

An Herrn Favre,
ersten Syndikus der Republik Genf.

Motiers-Travers, den 12. Mai 1763.

Mein Herr!

Zurückgekommen von dem tiefen Erstaunen, in welches mich das Verfahren des hohen Rathes, von dem ich ein solches am wenigsten erwarten durfte, versetzt hatte, schreite ich endlich zu der Entscheidung, welche Ehre und Vernunft mir vorschreiben, so schwer sie auch meinem Herzen fällt.

---

*) Rousseau trug seit geraumer Zeit armenische Tracht, welche er für die naturgemäßeste erklärte.

Ich erkläre Ihnen also, mein Herr, und ich bitte Sie, dem hohen Rathe zu erklären, daß ich meinem Bürgerrecht in der Stadt und Republik Genf auf immer entsage. Da ich, so gut ich konnte, die mit diesem Titel verbundenen Pflichten erfüllt habe, ohne einen seiner Vortheile zu genießen, so glaube ich dem Staate, den ich verlasse, nichts schuldig zu sein. Ich habe mich bemüht, dem Genfer Namen Ehre zu machen; ich habe meine Mitbürger herzlich geliebt; ich habe nichts vergessen, um ihre Liebe zu gewinnen, aber es konnte nicht schlechter gelingen. Ich will mich selbst für ihren Haß gefällig erweisen. Das letzte Opfer, welches ich zu bringen habe, ist das eines Namens, der mir so theuer war. Aber, mein Herr, mein Vaterland, das mir fremd wird, kann mir nicht gleichgültig werden; ich bleibe mit ihm durch ein inniges Andenken verbunden, und ich vergesse nichts als die Beleidigungen, die ich von ihm erhalten habe. Möge es immer blühen und seinen Ruhm sich mehren sehen! Möge es Ueberfluß haben an Bürgern, die besser und vor Allem glücklicher sind als ich!

Empfangen Sie, mein Herr, die Versicherung meiner Hochachtung.

www.ingramcontent.com/pod-product-compliance
Lightning Source LLC
Chambersburg PA
CBHW030343170426
43202CB00010B/1221